매일 똑똑해지는!

종이접기 놀이

고바야시 가즈오 지음 ※ 오쿠야마 치카라 감수 ※ 류지현 옮김

시원
북스

놀다 보면 똑똑해지는 종이접기

아이들의 두뇌는 아직 충분히 발달하지 않아서 단순히 무언가를 접한다고 해서 자연스럽게 반응하지 않습니다. 아이들이 편안하게 느낄 수 있는 환경에서 스스로 시도해볼 수 있는 기회를 갖는 것이 매우 중요합니다. 편안한 환경에서 경험을 쌓은 아이들은 스트레스 반응을 억제하는 데 도움을 주는 스테로이드 수용체가 더 많이 생성된다고 알려져 있습니다. 또한 안정된 환경에서 형성된 두뇌의 네트워크는 아이의 애착 형성에도 큰 영향을 미칩니다.

아이와의 상호작용에서 가장 중요한 것은 바로 일대일로 아이의 눈높이에 맞추는 것입니다. '모두 함께'가 아니라 아이와 일대일 시간을 가지는 것이 중요합니다. 매일 할 필요는 없지만 일주일에 한 번이라도 특별한 일대일 시간을 만들어 주는 것이 좋습니다. 그리고 아이의 두뇌 네트워크를 넓히는 데는 별로 중요하지 않아 보여도 아이의 눈높이에 맞춰 진행하면 연결이 더 쉬워집니다. 처음부터 능숙하게 할 수는 없겠지만 아이와 함께 서툴더라도 즐기면서 진행하면 두뇌의 네트워크가 더 잘 확장되고 연결될 수 있습니다.

자, 이제 준비되었나요? 아이의 두뇌가 활성화된 상태에서 손가락 끝을 이용한 놀이인 '종이접기'를 하면 두뇌의 여러 영역이 연결되기 시작합니다.

오쿠야마어린이클리닉 원장
오쿠야마 치카라

두뇌가 쑥쑥 크는 포인트

아이를 차분히 지켜보면서 자유롭게 해주세요

아이가 부모님이 '나만을 봐 주고 있다'고 느끼고, 나아가 아이의 말과 행동이 부정되지 않는 환경은 아이에게 '안전기지'가 되어 안심감이 자랍니다. 안심감이 자라면 인내심도 자라게 되어 스트레스에 대한 내성도 올라갑니다.

뭔가를 하면서가 아니라 제대로 아이와 마주하며 되도록 간섭하지 말고 아이가 본인 페이스로 하는 것을 지켜봐 주세요.

아이가 실패해도 평온한 자세로 대해주세요

두뇌 네트워크를 풍부하게 하는 것은 '잘 할 수 있는 일'이 아닙니다. 할 수 없는 일, 언뜻 의미가 없거나 우스워 보이는 일 등을 통해 두뇌 네트워크가 확대됩니다.

그러기 위해서는 미리 걱정하고 도와줄 필요는 없습니다. 아이의 생각대로 좋아하도록 해주세요.

아이가 초조해하거나 짜증나는 것을 표현해도 괜찮아요!

생각처럼 되지 않으면 짜증이 납니다. 하지만 이것 역시 두뇌 네트워크 확산 중 하나입니다. 이것을 멈추거나 참으면 네트워크의 넓이가 작고 빈약해집니다. 짜증을 내거나 화를 내거나 살짝 던져도 좋습니다

아이에게 칭찬의 말을 건넬 때는 성과보다도 변화에 대해

하지 못했던 일을 할 수 있게 되는 것은 물론 중요합니다. 하지만 초조한 상태에서 차분해지거나 한 번 내던진 일을 훗날 마음이 내켜 다시 시작했을 때야 말로 칭찬의 말을 건넬 기회입니다 성과문보다 변화와 성장을 아이 스스로 깨닫는 계기가 될 것입니다.

목차

스텝1
간단한 종이접기

스텝2
스텝업 종이접기

스텝 3

사용할 수 있는 종이접기

스텝 4

움직여 놀 수 있는 종이접기

스텝 5

살쩍 어려운 종이접기

기본 접기 방법과 기호

골짜기 모양 접기

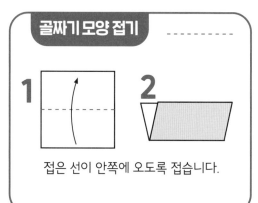

접은 선이 안쪽에 오도록 접습니다.

산 모양 접기

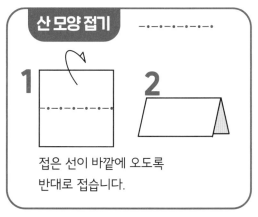

접은 선이 바깥에 오도록
반대로 접습니다.

접은 선 만들기

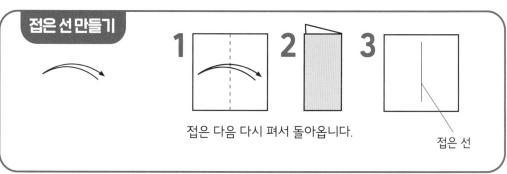

접은 다음 다시 펴서 돌아옵니다.

접은 선

방향 바꾸기

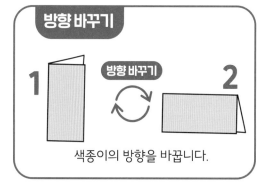

색종이의 방향을 바꿉니다.

뒤집기

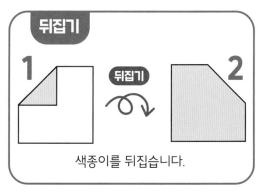

색종이를 뒤집습니다.

펼치기

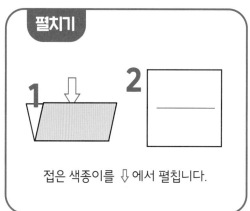

접은 색종이를 ⇩에서 펼칩니다.

계단 접기

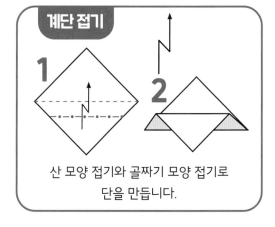

산 모양 접기와 골짜기 모양 접기로
단을 만듭니다.

말아 접기

1 **2**

골짜기 모양 접기를 반복해서 말듯이 접습니다.

안으로 넣기

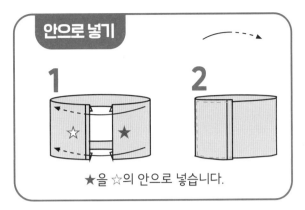

1 ☆ ★ **2**

★을 ☆의 안으로 넣습니다.

등분하기

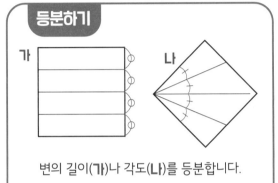

가 나

변의 길이(**가**)나 각도(**나**)를 등분합니다.

도안 확대

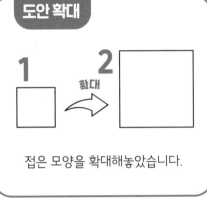

1 확대 **2**

접은 모양을 확대해놓았습니다.

가운데 나눠 접기

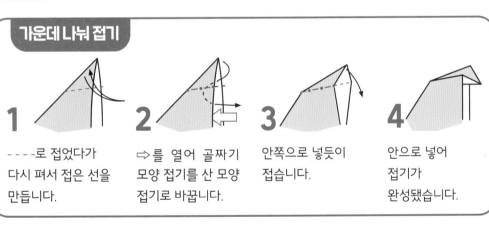

1
----로 접었다가 다시 펴서 접은 선을 만듭니다.

2
⇨를 열어 골짜기 모양 접기를 산 모양 접기로 바꿉니다.

3
안쪽으로 넣듯이 접습니다.

4
안으로 넣어 접기가 완성됐습니다.

덮어씌워 접기

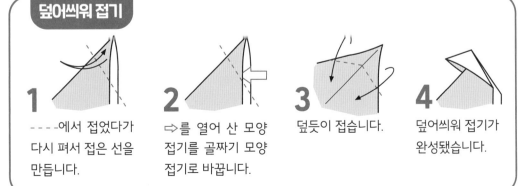

1
----에서 접었다가 다시 펴서 접은 선을 만듭니다.

2
⇨를 열어 산 모양 접기를 골짜기 모양 접기로 바꿉니다.

3
덮듯이 접습니다.

4
덮어씌워 접기가 완성됐습니다.

사각접기

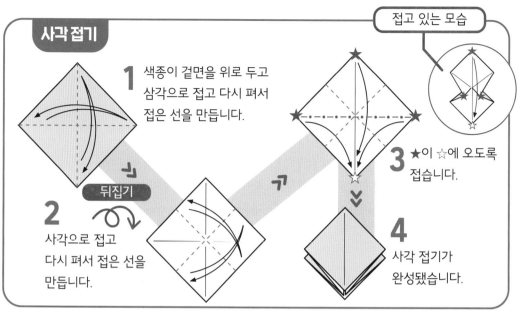

접고 있는 모습

1 색종이 겉면을 위로 두고 삼각으로 접고 다시 펴서 접은 선을 만듭니다.

뒤집기

2 사각으로 접고 다시 펴서 접은 선을 만듭니다.

3 ★이 ☆에 오도록 접습니다.

4 사각 접기가 완성됐습니다.

삼각 접기

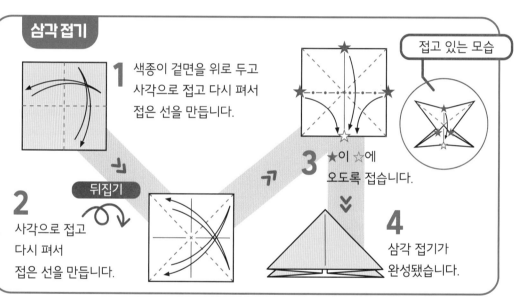

접고 있는 모습

1 색종이 겉면을 위로 두고 사각으로 접고 다시 펴서 접은 선을 만듭니다.

뒤집기

2 사각으로 접고 다시 펴서 접은 선을 만듭니다.

3 ★이 ☆에 오도록 접습니다.

4 삼각 접기가 완성됐습니다.

난이도 표시

간단

몇 번의 접기만으로 완성할 수 있는 간단한 종이접기야. 처음 하는 종이접기에 딱이지. 일단은 자유롭게 해보자!

보통

사각 접기, 삼각 접기 등의 접기 방법이 나와. 도안대로 접으면 할 수 있어. 처음에는 어른과 함께 해보자.

어려움

접는 단계가 많거나 접는 방법이 조금 어려운 종이접기야. 잘 안 되더라도 괜찮아! 또 도전하자!

간단한 종이접기

몇 번 접는 것만으로도 완성할 수 있는 종이접기가 많이 있어.

산 모양 접기, 골짜기 모양 접기 등 종이접기의 기본을 외워두자!

엄마, 아빠와 함께 천천히 접어보고 접는 걸 흉내 내 봐도 좋아!

완성된 사진과 똑같이 접지 못해도 괜찮아.

색종이를 만지고 즐기며 얘기도 많이 하자!

간단

메뚜기

풀숲에서
폴짝폴짝 뛰어다녀!

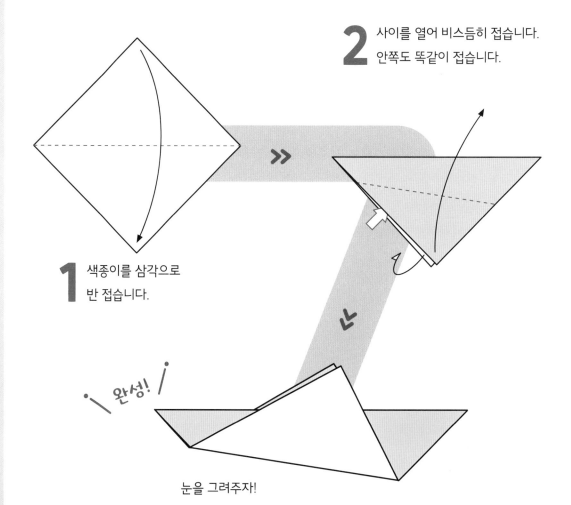

1 색종이를 삼각으로
반 접습니다.

2 사이를 열어 비스듬히 접습니다.
안쪽도 똑같이 접습니다.

완성!

눈을 그려주자!

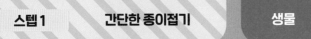

물고기

많이 만들어서 헤엄치게 해주자!

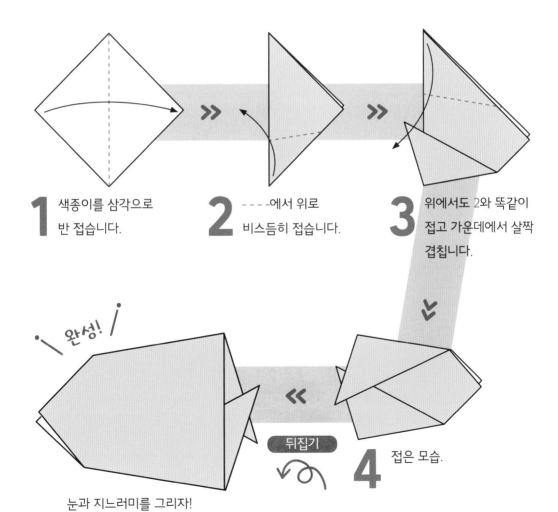

1 색종이를 삼각으로 반 접습니다.

2 ----에서 위로 비스듬히 접습니다.

3 위에서도 2와 똑같이 접고 가운데에서 살짝 겹칩니다.

4 접은 모습.

뒤집기

완성!

눈과 지느러미를 그리자!

간단

오리 얼굴

꽥꽥!

살짝 비뚤어도
괜찮아!

2 1에서 접은 ★의 모서리가
조금씩 튀어나오도록
골짜기 접기 합니다.

1 색종이 가운데
☆부분에 ★이 오도록
골짜기 모양 접기 합니다.

3 접은 모습.

뒤집기

완성!

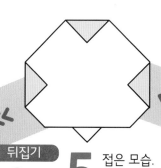

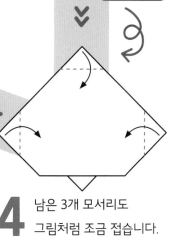

뒤집기

5 접은 모습.

4 남은 3개 모서리도
그림처럼 조금 접습니다.

눈을 그려보자!

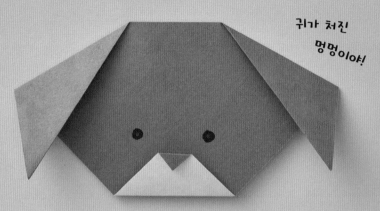

강아지 얼굴

귀가 처진
멍멍이야!

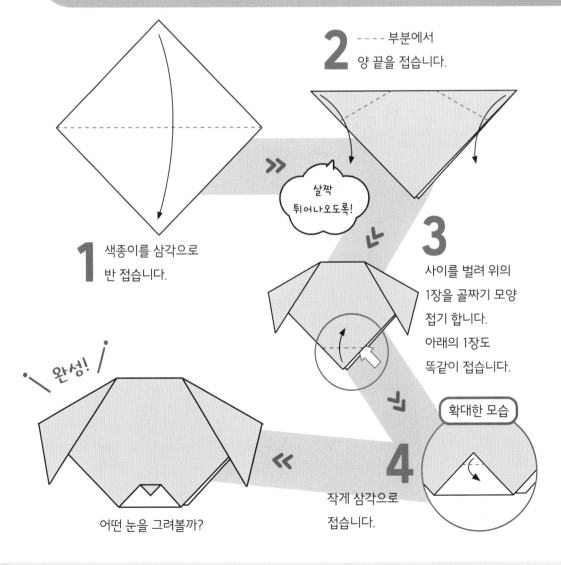

1 색종이를 삼각으로
반 접습니다.

2 ---- 부분에서
양 끝을 접습니다.

살짝
튀어나오도록!

3 사이를 벌려 위의
1장을 골짜기 모양
접기 합니다.
아래의 1장도
똑같이 접습니다.

확대한 모습

4 작게 삼각으로
접습니다.

완성!

어떤 눈을 그려볼까?

토끼 얼굴

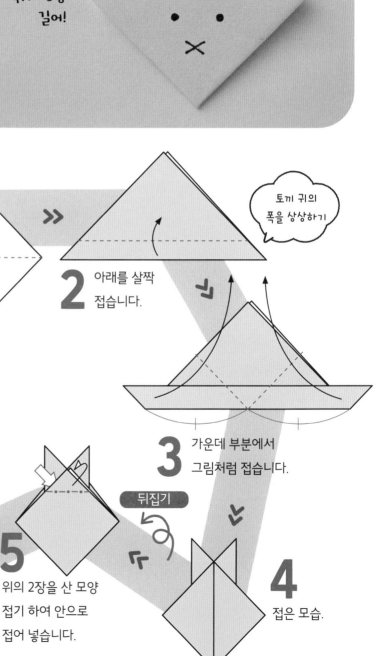

귀가 깡총
길어!

1 색종이를 삼각으로
반 접습니다.

2 아래를 살짝
접습니다.

토끼 귀의
폭을 상상하기

3 가운데 부분에서
그림처럼 접습니다.

뒤집기

4 접은 모습.

5 위의 2장을 산 모양
접기 하여 안으로
접어 넣습니다.

¡ 완성! ¡

눈과 입을 그려보자!

고양이 얼굴

간단

고양이는 기분이 좋으면 가르릉 소리를 내!

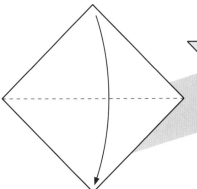

1 색종이를 삼각으로 반 접습니다.

2 반 접고 다시 펴서 접은 선을 만듭니다.

3 양쪽도 비스듬히 골짜기 모양 접기 합니다.

 뒤집기

 방향 바꾸기

4 2와 같이 그림처럼 접습니다.

5 접은 모습.

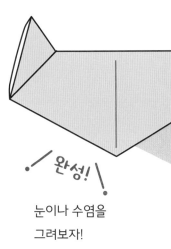

완성!

눈이나 수염을 그려보자!

돼지 얼굴

꿀꿀!

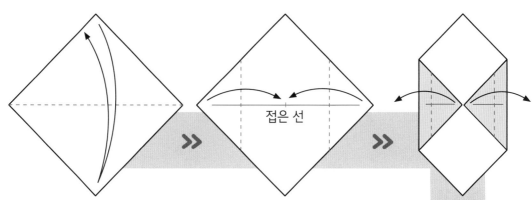

1 색종이를 삼각으로 반 접고 다시 펴면 접은 선이 생깁니다.

접은 선

2 양 끝을 가운데 쪽에 맞춰 접습니다.

3 양 끝이 바깥으로 튀어나오도록 접습니다.

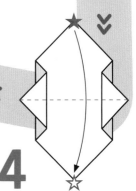

4 ★이 ☆에 맞도록 반 접습니다.

5 사이를 열어 위의 1장을 그림처럼 접습니다. 뒤쪽도 똑같이 접습니다.

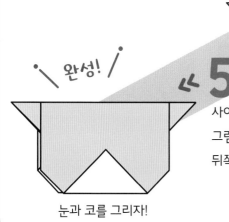

완성!

눈과 코를 그리자!

간단

코끼리 얼굴

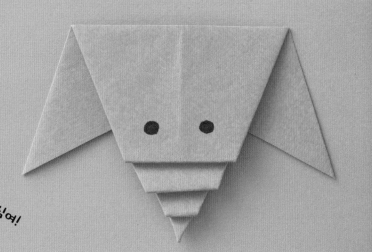

긴 코를
잘도 움직여!

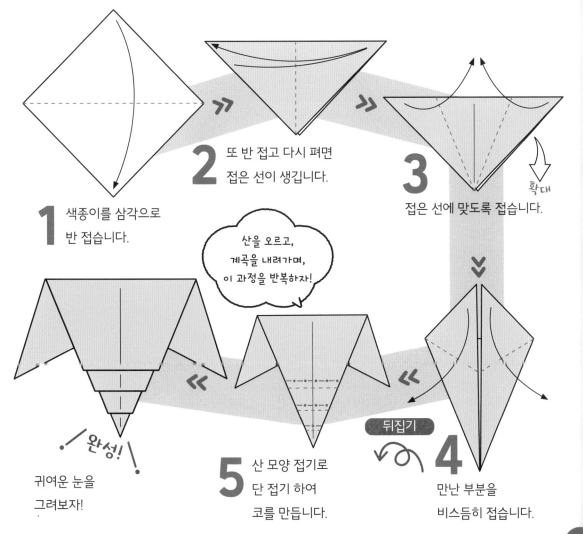

1 색종이를 삼각으로
반 접습니다.

2 또 반 접고 다시 펴면
접은 선이 생깁니다.

3 접은 선에 맞도록 접습니다.

확대

산을 오르고,
계곡을 내려가며,
이 과정을 반복하자!

4 만난 부분을
비스듬히 접습니다.

뒤집기

5 산 모양 접기로
단 접기 하여
코를 만듭니다.

완성!
귀여운 눈을
그려보자!

물새

물가를 휙휙
헤엄쳐!

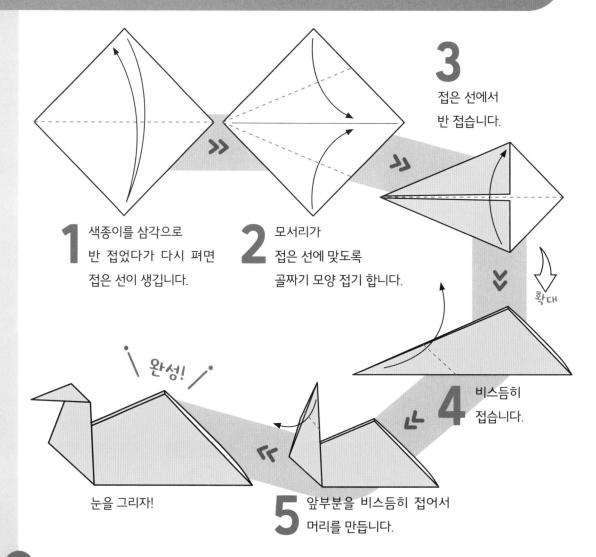

1 색종이를 삼각으로 반 접었다가 다시 펴면 접은 선이 생깁니다.

2 모서리가 접은 선에 맞도록 골짜기 모양 접기 합니다.

3 접은 선에서 반 접습니다.

확대

4 비스듬히 접습니다.

5 앞부분을 비스듬히 접어서 머리를 만듭니다.

완성!

눈을 그리자!

공작

아름다운 날개를
크게 펼쳐!

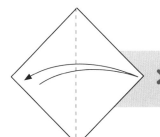

1 색종이를 삼각으로
반 접고 다시 펴면
접은 선이 생깁니다.

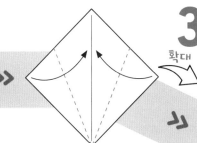

2 모서리가 접은 선에 오도록
골짜기 모양 접기 합니다.

3 반 접고 다시 펴면
접은 선이 생깁니다.

확대

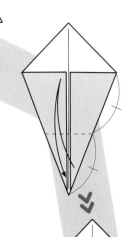

6 끝부분을 살짝 아래로
접습니다.

5 접은 선에서 골짜기
모양 접기 합니다.

4 접은 선에서 양쪽을
삼각으로 접어 엽니다.

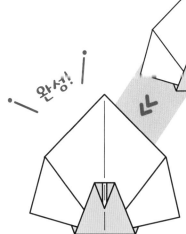

완성!

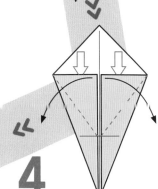

고래

넓은 바다를
유유히 헤엄쳐!

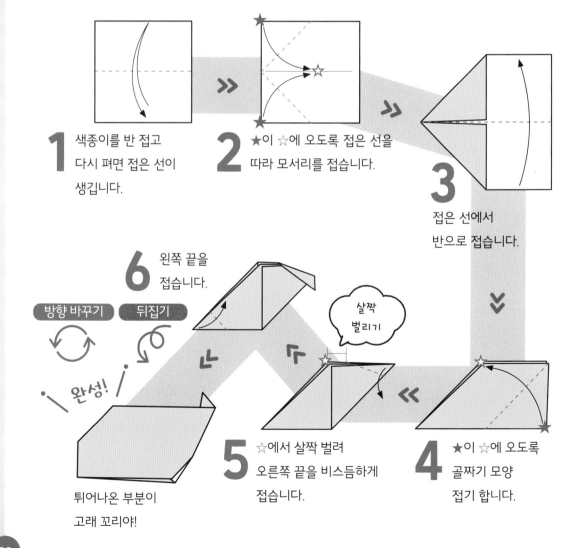

1 색종이를 반 접고
다시 펴면 접은 선이
생깁니다.

2 ★이 ☆에 오도록 접은 선을
따라 모서리를 접습니다.

3 접은 선에서
반으로 접습니다.

4 ★이 ☆에 오도록
골짜기 모양
접기 합니다.

5 ☆에서 살짝 벌려
오른쪽 끝을 비스듬하게
접습니다.

살짝
벌리기

6 왼쪽 끝을
접습니다.

방향 바꾸기   뒤집기

완성!

튀어나온 부분이
고래 꼬리야!

잉꼬

화려한 색의 새!

---

1 색종이를 삼각으로 반 접고 다시 펴면 접은 선이 생깁니다.

2 삼각형이 접은 선에 오도록 골짜기 모양 접기 합니다.

3 절반의 부분에 살짝 접어 표시해 둡니다.

표시

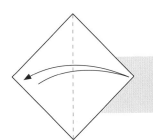
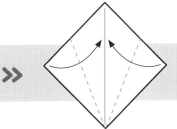
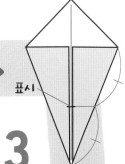

6 ⇨에서 열고 —•—에서 안으로 접어 부리를 만듭니다.

방향 바꾸기

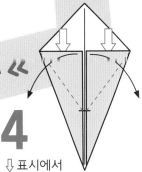

완성!

눈을 그리자!

5 접은 선에서 절반 골짜기 모양으로 접기 합니다.

4 ⇩ 표시에서 양쪽을 삼각형 모양으로 접어 펼칩니다.

펭귄

수족관의 인기쟁이

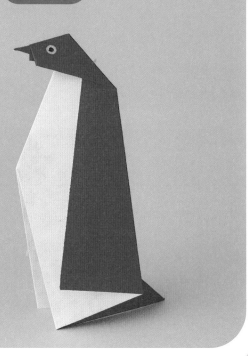

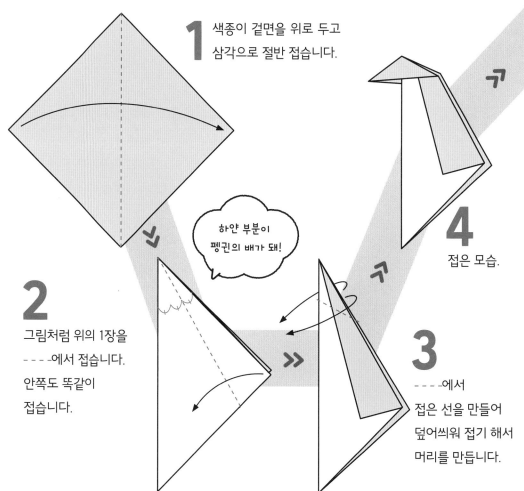

1 색종이 겉면을 위로 두고 삼각으로 절반 접습니다.

하얀 부분이 펭귄의 배가 돼!

2 그림처럼 위의 1장을 ----에서 접습니다. 안쪽도 똑같이 접습니다.

3 ----에서 접은 선을 만들어 덮어씌워 접기 해서 머리를 만듭니다.

4 접은 모습.

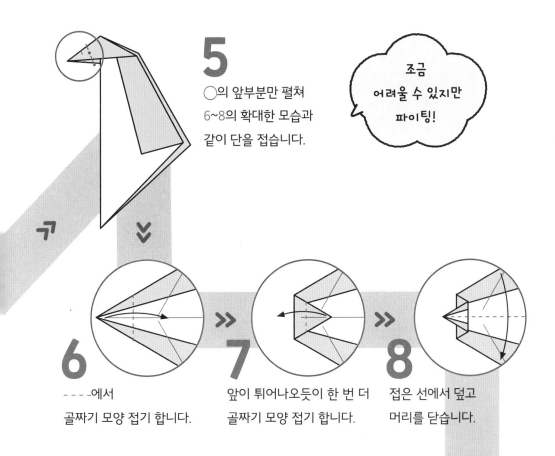

5

○의 앞부분만 펼쳐
6~8의 확대한 모습과
같이 단을 접습니다.

조금
어려울 수 있지만
파이팅!

6

- - - 에서
골짜기 모양 접기 합니다.

7

앞이 튀어나오듯이 한 번 더
골짜기 모양 접기 합니다.

8

접은 선에서 덮고
머리를 닫습니다.

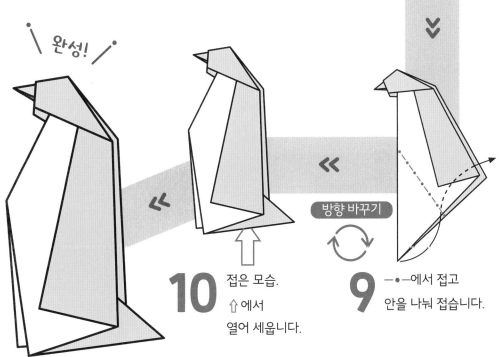

완성!

10

접은 모습.
⇧에서
열어 세웁니다.

방향 바꾸기

9

—•—에서 접고
안을 나눠 접습니다.

간단 버섯

갓이 둥근 버섯을 만들어 보자!

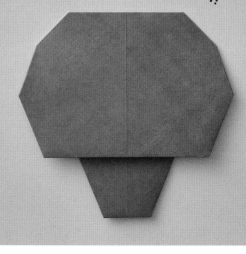

2 모서리가 접은 선에 오도록 골짜기 모양 접기 합니다.

1 색종이를 삼각으로 절반 접었다가 돌아와 접은 선을 만듭니다.

확대

3 ★과 ☆이 겹쳐지도록 반으로 골짜기 모양 접기 합니다.

6 접은 모습.

뒤집기

4 위의 삼각형을 아래로 접습니다.

완성!

갓에 모양을 그리는 것도 좋아!

5 - - - 를 골짜기 모양 접기 합니다.

24

간단

맛있고 차갑네!

소프트아이스크림

원안: 유아사 노부에

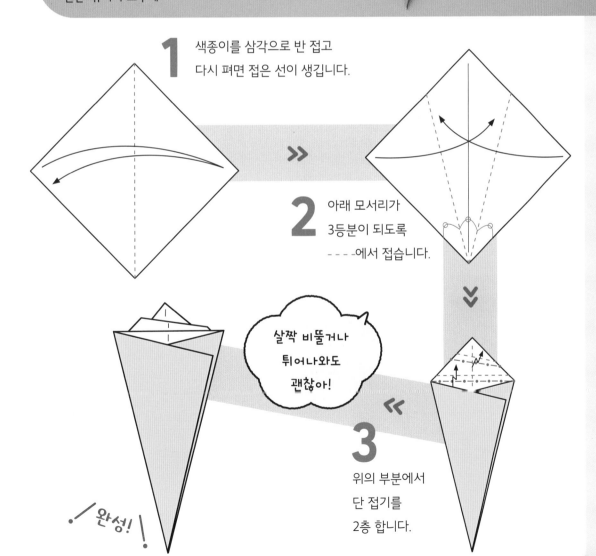

1 색종이를 삼각으로 반 접고
다시 펴면 접은 선이 생깁니다.

2 아래 모서리가
3등분이 되도록
- - - -에서 접습니다.

살짝 비뚤거나
튀어나와도
괜찮아!

3 위의 부분에서
단 접기를
2층 합니다.

완성!

컵

컵으로 멋진 티타임!

1 색종이를 사각 절반으로 접습니다.

2 ⬇에서 펼쳐 위의 1장을 가늘게 접습니다. 뒤쪽도 똑같이 접습니다.

3 위의 모서리를 함께 삼각으로 접습니다.

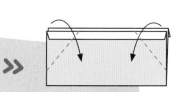

확대

4 한쪽을 ----에서 골짜기 모양 접기 합니다.

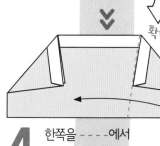

5 다른 한쪽도 똑같이 골짜기 모양 접기 합니다.

6 ----에서 골짜기 모양 접기 합니다.

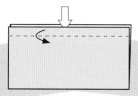

접은 모습.

뒤집기

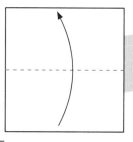

완성!

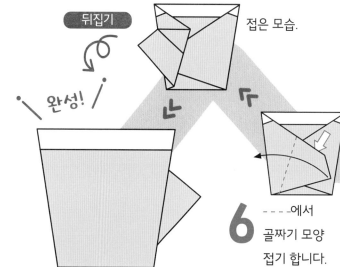

유리잔

간단

물에 강한 색종이로 만들면 정말 물이 담겨!

1 색종이를 삼각으로 절반 접습니다.

2 위의 1장만 반 접고 돌아와 접은 선을 만듭니다.

3 2에서 만든 접은 선의 ★과 ☆이 만나도록 접습니다.

확대

4 ★과 ☆이 만나도록 접습니다.

5 위의 1장을 골짜기 모양 접기 합니다. 안쪽도 똑같이 접습니다.

완성!

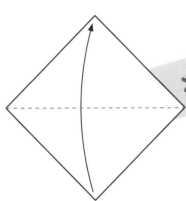

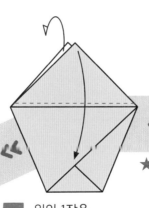

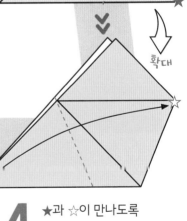

연필

간단

여러 색깔의 색종이로 접으면
여러 가지 색의 연필이 돼!

원안: 와타나베 히로미

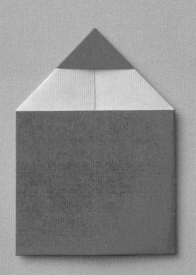

1 색종이를 사각으로
접고 다시 펴면
접은 선이 생깁니다.

2 위를 가늘게 접고 아래는
틈을 열어 접습니다.

조금
열기

3 접은 모습.

뒤집기

4 사이를 펼쳐 윗부분만
★이 ☆에 오도록 골짜기
모양 접기 합니다.

7 접은
모습.

뒤집기

! 완성!

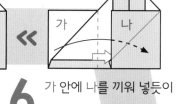

6 가 안에 나를 끼워 넣듯이
- - - - 에서 접습니다.

가   나

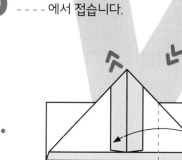

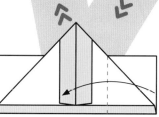

5 - - - - 에서 골짜기 모양
접기 합니다.

요트

간단

돛에 바람을 받아 나아가!

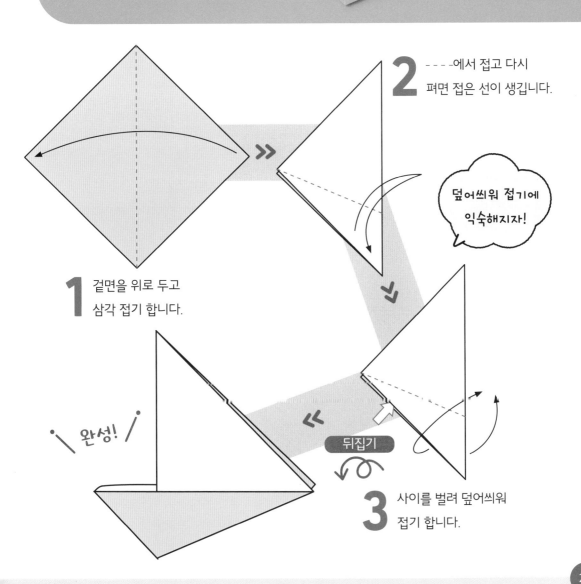

1 겉면을 위로 두고
삼각 접기 합니다.

2 ----에서 접고 다시
펴면 접은 선이 생깁니다.

덮어씌워 접기에
익숙해지자!

뒤집기

3 사이를 벌려 덮어씌워
접기 합니다.

완성!

보트

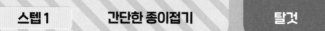

공원 연못에 있으려나?

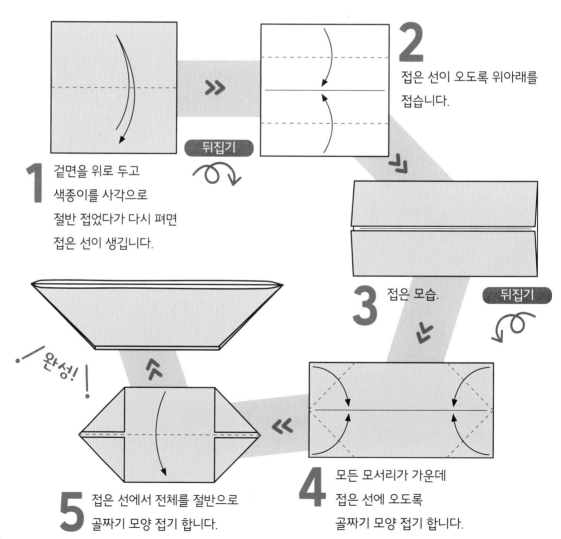

1 겉면을 위로 두고 색종이를 사각으로 절반 접었다가 다시 펴면 접은 선이 생깁니다.

뒤집기

2 접은 선이 오도록 위아래를 접습니다.

3 접은 모습.

뒤집기

4 모든 모서리가 가운데 접은 선에 오도록 골짜기 모양 접기 합니다.

5 접은 선에서 전체를 절반으로 골짜기 모양 접기 합니다.

완성!

UFO 1

우주인이
타고 있을까?

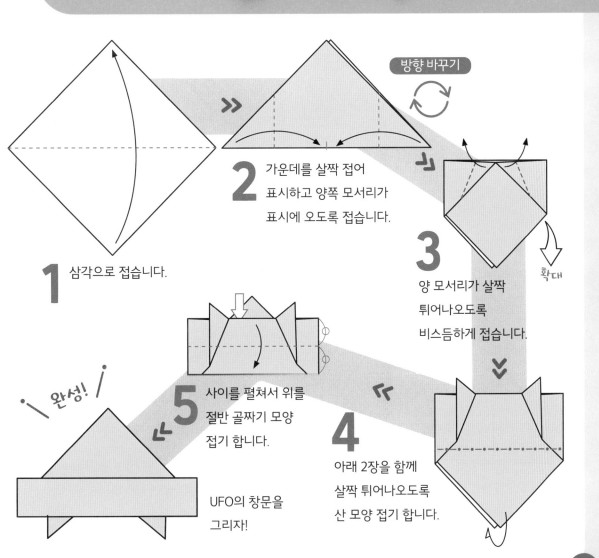

1 삼각으로 접습니다.

2 가운데를 살짝 접어
표시하고 양쪽 모서리가
표시에 오도록 접습니다.

방향 바꾸기

3 양 모서리가 살짝
튀어나오도록
비스듬하게 접습니다.

확대

4 아래 2장을 함께
살짝 튀어나오도록
산 모양 접기 합니다.

5 사이를 펼쳐서 위를
절반 골짜기 모양
접기 합니다.

완성!

UFO의 창문을
그리자!

UFO 2

조금 다른 모양의
UFO도 멋있어!

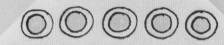

1
삼각으로 접습니다.

2
- - - - 에서 양 끝 모두
골짜기 모양
접기 합니다.

접었을 때
끝이 딱 절반에
오도록!

3
접은 모습.
원래대로 돌아옵니다.

4
사이를 펼쳐 양 끝 모두
—•—에서 안으로 넣어
접습니다.

5
사이를 펼쳐 위의 1장을
살짝 튀어나오듯이 접습니다.
안쪽도 똑같이 접습니다.

완성!

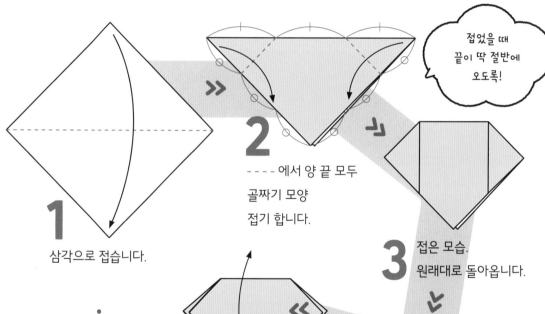
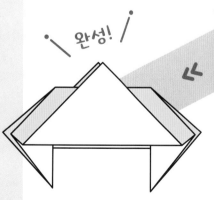
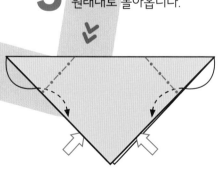

요괴

학교원 장식으로
해보자!

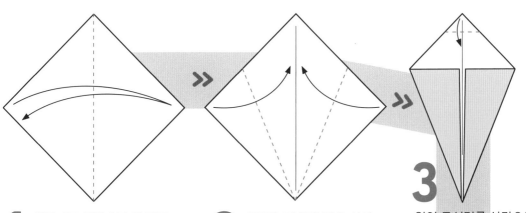

1 색종이를 삼각으로 반 접고
다시 펴서 접은 선을 만듭니다.

2 양쪽을 가운데 접은 선에
오도록 접습니다.

3 위의 모서리를 삼각으로
접습니다.

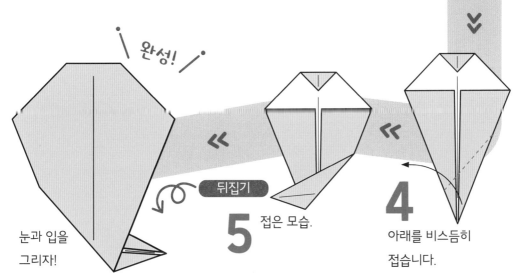

완성!

뒤집기

눈과 입을
그리자!

5 접은 모습.

4 아래를 비스듬히
접습니다.

마녀모자

뾰족한 모자는 마녀의 표시!

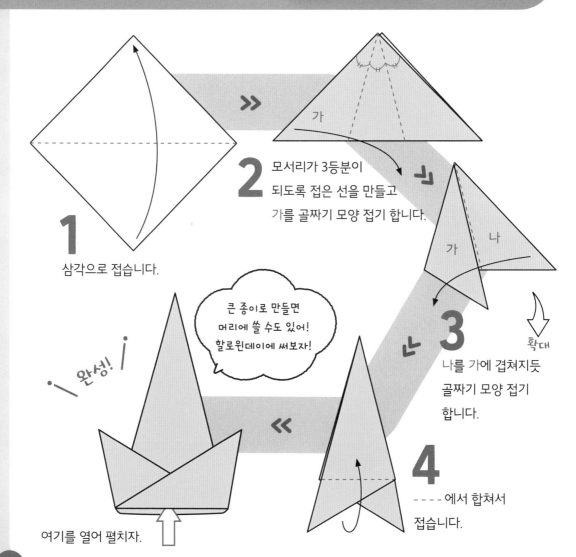

1 삼각으로 접습니다.

2 모서리가 3등분이 되도록 접은 선을 만들고 가를 골짜기 모양 접기 합니다.

3 나를 가에 겹쳐지듯 골짜기 모양 접기 합니다.

확대

4 - - - - 에서 합쳐서 접습니다.

여기를 열어 펼치자.

완성!

큰 종이로 만들면 머리에 쓸 수도 있어! 할로윈데이에 써보자!

스텝업 종이접기

'삼각 접기', '사각 접기'라는 방법이 나와.
그림을 보면 조금 어려울 것 같지만
하다 보면 깜짝 놀랄 정도로 예쁘게 접을 수 있어.
처음에는 잘 모를 수 있으니
엄마, 아빠한테 가르쳐 달라고 하자.
접을 수 있는 작품이 아주 많아!

보통 학

대표적인
종이접기!

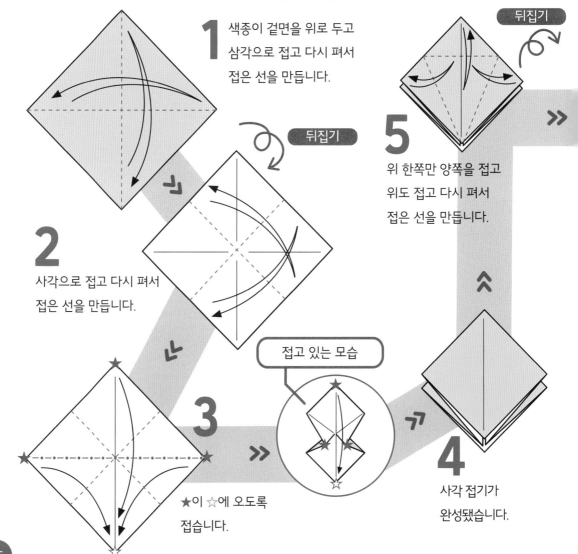

1 색종이 겉면을 위로 두고
삼각으로 접고 다시 펴서
접은 선을 만듭니다.

뒤집기

2 사각으로 접고 다시 펴서
접은 선을 만듭니다.

뒤집기

5 위 한쪽만 양쪽을 접고
위도 접고 다시 펴서
접은 선을 만듭니다.

접고 있는 모습

3 ★이 ☆에 오도록
접습니다.

4 사각 접기가
완성됐습니다.

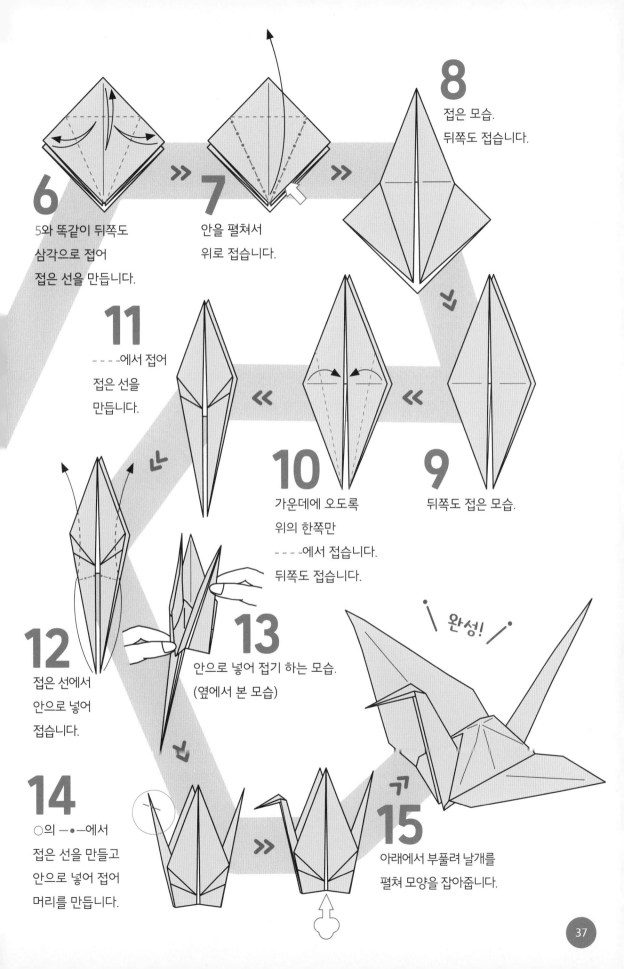

6
5와 똑같이 뒤쪽도
삼각으로 접어
접은 선을 만듭니다.

7
안을 펼쳐서
위로 접습니다.

8
접은 모습.
뒤쪽도 접습니다.

9
뒤쪽도 접은 모습.

10
가운데에 오도록
위의 한쪽만
- - - -에서 접습니다.
뒤쪽도 접습니다.

11
- - - -에서 접어
접은 선을
만듭니다.

12
접은 선에서
안으로 넣어
접습니다.

13
안으로 넣어 접기 하는 모습.
(옆에서 본 모습)

14
○의 -•-에서
접은 선을 만들고
안으로 넣어 접어
머리를 만듭니다.

15
아래에서 부풀려 날개를
펼쳐 모양을 잡아줍니다.

완성!

개구리

물가에서 개굴개굴 울어!

1 색종이 겉면을 위로 두고
사각 접기 하고 다시 펴서
접은 선을 만듭니다.

뒤집기

삼각 접기를
마스터하면
여러 가지를
접을 수 있어!

2 삼각 접기 하고
다시 펴서
접은 선을 만듭니다.

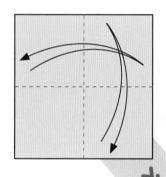

4 삼각 접기가
완성됐습니다.

3 ★이 ☆에
오도록 접습니다.

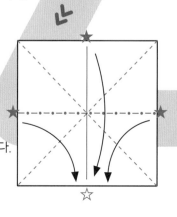

접고 있는 모습

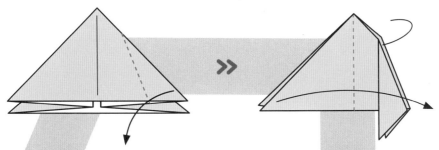

5 오른쪽만 위의 한쪽을
- - - 쯤에서 접습니다.
뒤쪽도 똑같이 접습니다.

6 왼쪽 위 한쪽을 오른쪽으로
보냅니다.
오른쪽 뒤 한쪽은 왼쪽으로
보냅니다.

8 접은 모습.

뒤집기

7 양쪽을 살짝 비스듬하게
접어 올립니다.

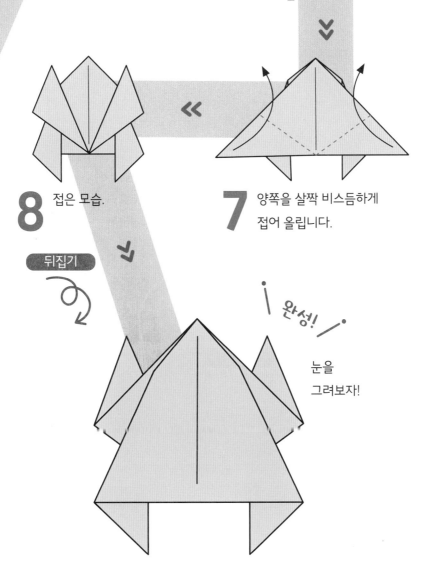

완성!

눈을
그려보자!

물고기와 해파리

보통

물고기에서 해파리로 변신해!

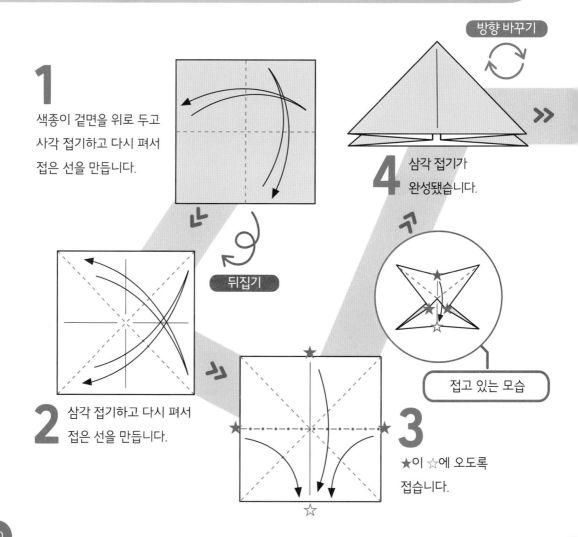

1
색종이 겉면을 위로 두고 사각 접기하고 다시 펴서 접은 선을 만듭니다.

4 삼각 접기가 완성됐습니다.

방향 바꾸기

뒤집기

2 삼각 접기하고 다시 펴서 접은 선을 만듭니다.

3
★이 ☆에 오도록 접습니다.

접고 있는 모습

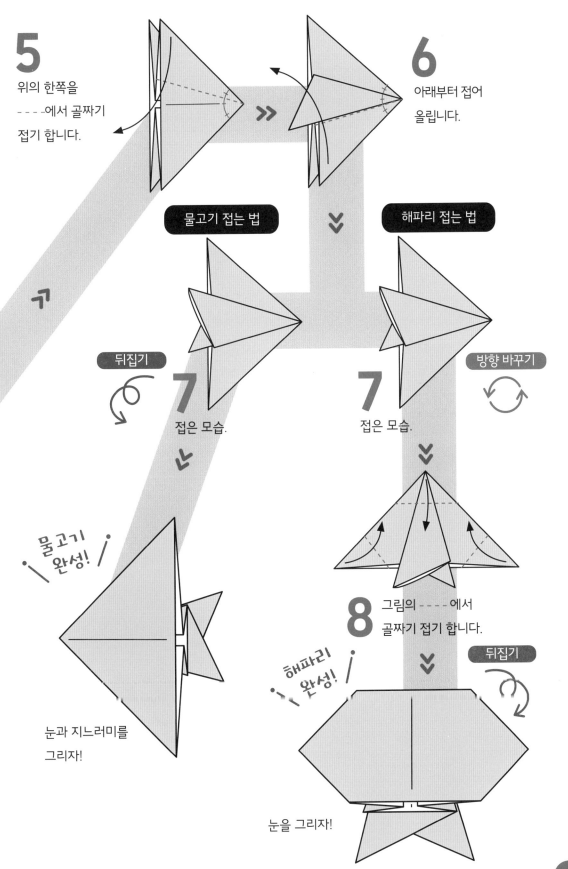

5 위의 한쪽을 ----에서 골짜기 접기 합니다.

6 아래부터 접어 올립니다.

물고기 접는 법

해파리 접는 법

뒤집기

7 접은 모습.

방향 바꾸기

7 접은 모습.

물고기 완성!

눈과 지느러미를 그리자!

8 그림의 ---- 에서 골짜기 접기 합니다.

해파리 완성!

뒤집기

눈을 그리자!

공룡과 고슴도치

공룡이 고슴도치로 변신!

원안: 와타나베 히로미

1 색종이 겉면을 위로 두고 사각으로 접고 다시 펴서 접은 선을 만듭니다.

뒤집기

2 삼각으로 접고 다시 펴서 접은 선을 만듭니다.

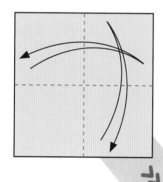

3 ★이 ☆에 오도록 접습니다.

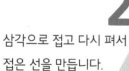

접고 있는 모습

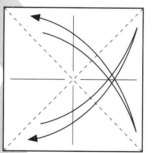

4 삼각 접기가 완성됐습니다.

방향 바꾸기

5 가를 - - - -에서 접습니다.

가

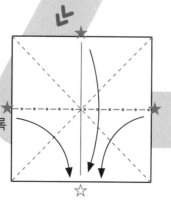

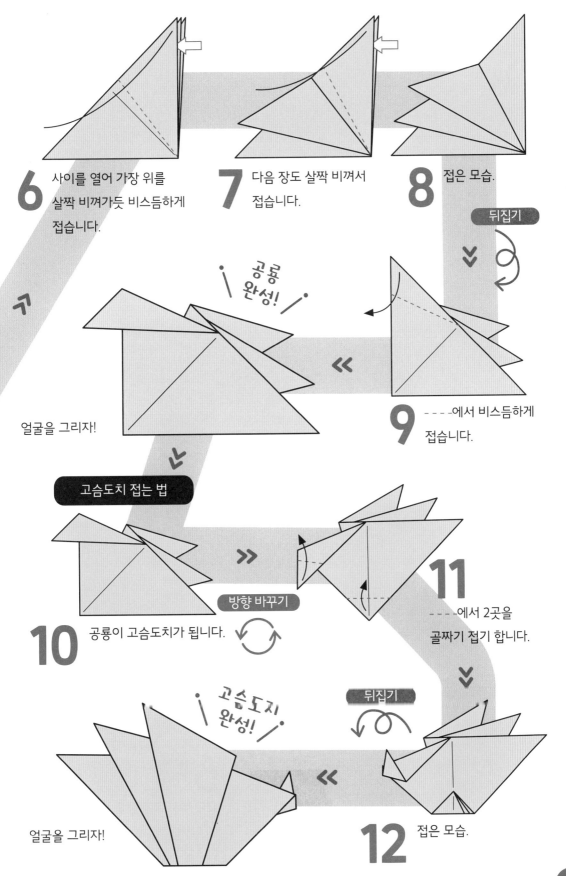

6 사이를 열어 가장 위를 살짝 비껴가듯 비스듬하게 접습니다.

7 다음 장도 살짝 비껴서 접습니다.

8 접은 모습.

뒤집기

공룡 완성!

얼굴을 그리자!

9 ----에서 비스듬하게 접습니다.

고슴도치 접는 법

10 공룡이 고슴도치가 됩니다.

방향 바꾸기

11 ----에서 2곳을 골짜기 접기 합니다.

뒤집기

고슴도치 완성!

얼굴을 그리자!

12 접은 모습.

보통

비둘기

공원에 많이 있지!!

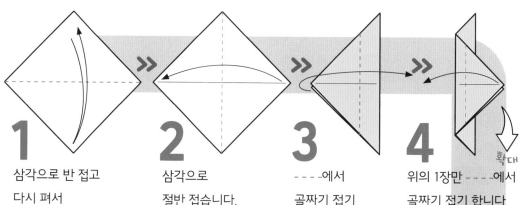

1
삼각으로 반 접고
다시 펴서
접은 선을 만듭니다.

2
삼각으로
절반 접습니다.

3
- - - 에서
골짜기 접기
합니다.

4
위의 1장만 - - - 에서
골짜기 접기 합니다.

확대

5 전체를 절반으로
접습니다.

접고 있는 모습

7
—•—에서 접어
접은 선을 만들고 안으로
넣어 접기 하여
머리를 만듭니다.

6
- - - 에서 위의 한쪽을
비스듬하게 접습니다.
뒤쪽도 똑같이 접습니다.

완성!

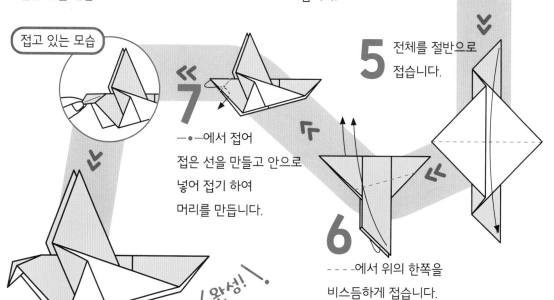

보통

강아지 얼굴 2

다른 방법으로 접는
조금 다른 멍멍이!

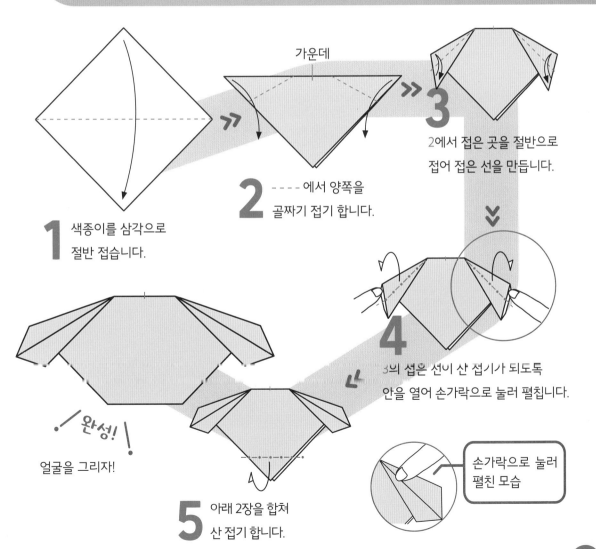

1 색종이를 삼각으로
절반 접습니다.

가운데

2 ---- 에서 양쪽을
골짜기 접기 합니다.

3 2에서 접은 곳을 절반으로
접어 접은 선을 만듭니다.

4 3의 접은 선이 산 접기가 되도록
안을 열어 손가락으로 눌러 펼칩니다.

손가락으로 눌러
펼친 모습

5 아래 2장을 합쳐
산 접기 합니다.

/완성! \
얼굴을 그리자!

보통
코끼리 옆모습

코를 위로 올려!

원안: 토미타 토시에

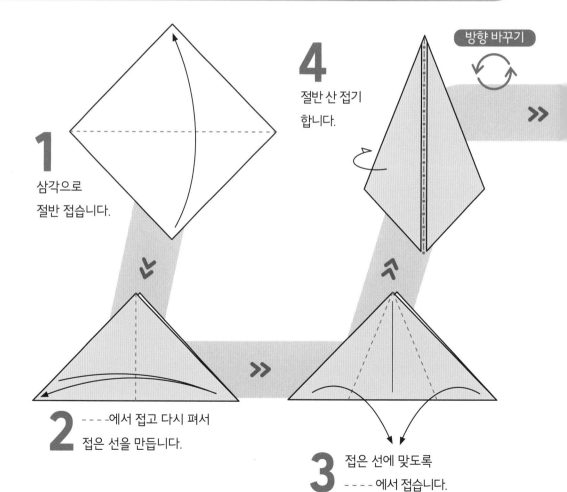

1 삼각으로 절반 접습니다.

2 ----에서 접고 다시 펴서 접은 선을 만듭니다.

3 접은 선에 맞도록 ---- 에서 접습니다.

4 절반 산 접기 합니다.

방향 바꾸기

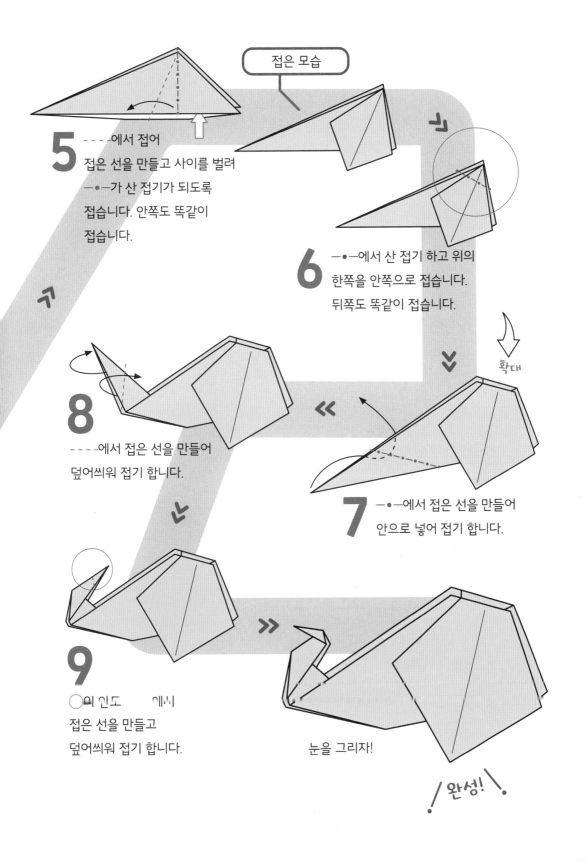

접은 모습

5 ----에서 접어
접은 선을 만들고 사이를 벌려
—•—가 산 접기가 되도록
접습니다. 안쪽도 똑같이
접습니다.

6 —•—에서 산 접기 하고 위의
한쪽을 안쪽으로 접습니다.
뒤쪽도 똑같이 접습니다.

확대

8 ----에서 접은 선을 만들어
덮어씌워 접기 합니다.

7 —•—에서 접은 선을 만들어
안으로 넣어 접기 합니다.

9 ○의 인도   에서
접은 선을 만들고
덮어씌워 접기 합니다.

눈을 그리자!

완성!

보통

돼지

토실토실한
돼지야!

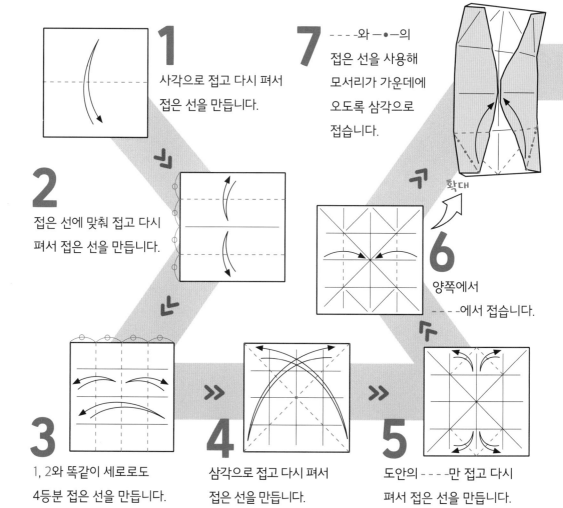

1 사각으로 접고 다시 펴서
접은 선을 만듭니다.

2 접은 선에 맞춰 접고 다시
펴서 접은 선을 만듭니다.

3 1, 2와 똑같이 세로로도
4등분 접은 선을 만듭니다.

4 삼각으로 접고 다시 펴서
접은 선을 만듭니다.

5 도안의 - - - 만 접고 다시
펴서 접은 선을 만듭니다.

6 양쪽에서
- - - -에서 접습니다.

7 - - - -와 ─•─의
접은 선을 사용해
모서리가 가운데에
오도록 삼각으로
접습니다.

확대

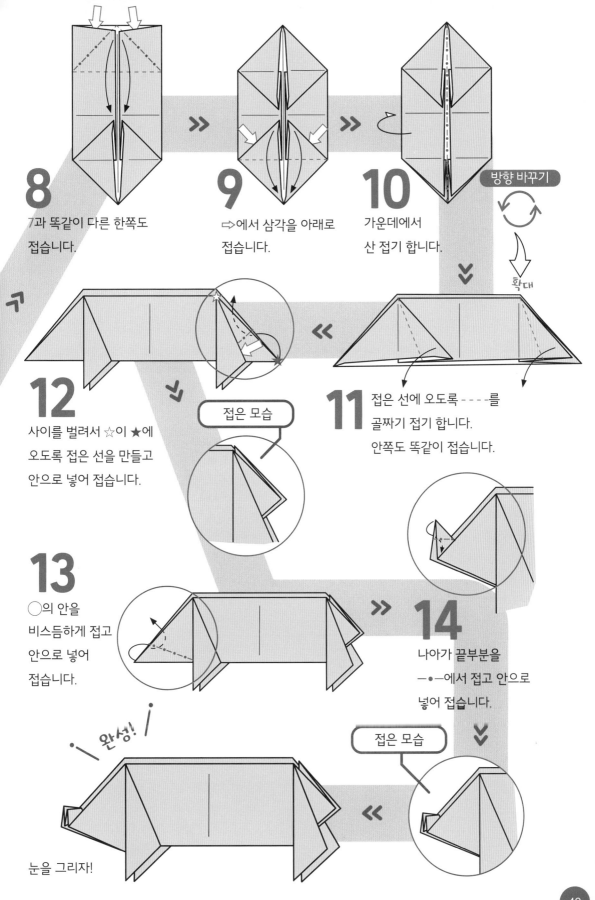

8

7과 똑같이 다른 한쪽도 접습니다.

9

⇨에서 삼각을 아래로 접습니다.

10

가운데에서 산 접기 합니다.

방향 바꾸기

확대

11

접은 선에 오도록 ----를 골짜기 접기 합니다. 안쪽도 똑같이 접습니다.

12

사이를 벌려서 ☆이 ★에 오도록 접은 선을 만들고 안으로 넣어 접습니다.

접은 모습

13

○의 안을 비스듬하게 접고 안으로 넣어 접습니다.

14

나아가 끝부분을 —•—에서 접고 안으로 넣어 접습니다.

접은 모습

완성!

눈을 그리자!

49

보통

매미

여름이 되면
나무에서 맴맴 울지!

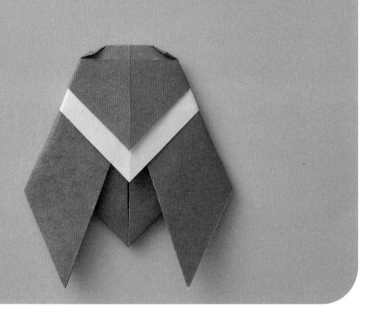

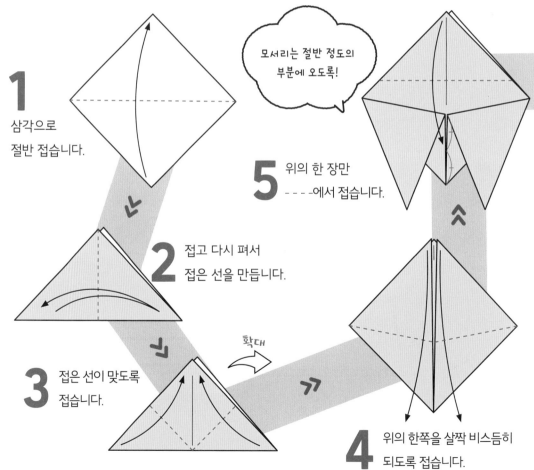

1 삼각으로
절반 접습니다.

모서리는 절반 정도의
부분에 오도록!

2 접고 다시 펴서
접은 선을 만듭니다.

3 접은 선이 맞도록
접습니다.

확대

4 위의 한쪽을 살짝 비스듬히
되도록 접습니다.

5 위의 한 장만
- - - -에서 접습니다.

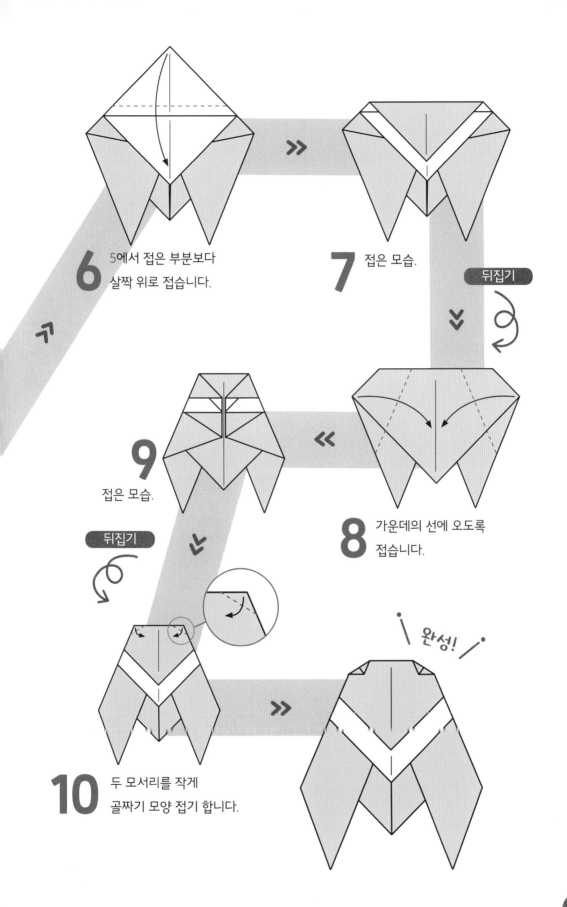

6 5에서 접은 부분보다
살짝 위로 접습니다.

7 접은 모습.

뒤집기

8 가운데의 선에 오도록
접습니다.

9 접은 모습.

뒤집기

10 두 모서리를 작게
골짜기 모양 접기 합니다.

완성!

보통

돌고래와 고래

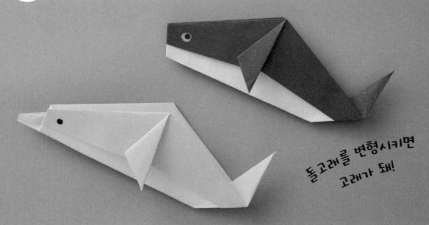

돌고래를 변형시키면
고래가 돼!

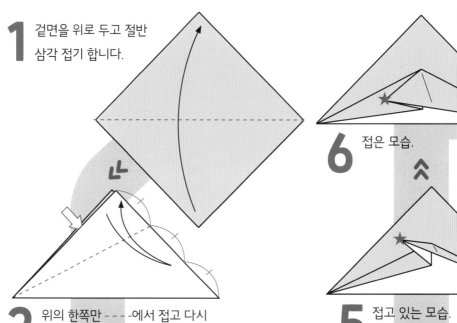

뒤집기

1 겉면을 위로 두고 절반 삼각 접기 합니다.

6 접은 모습.

2 위의 한쪽만 - - - -에서 접고 다시 펴서 접은 선을 만듭니다.

5 접고 있는 모습.

3 반대편도 2와 똑같이 접은 선을 만듭니다.

4 ★에서 잡듯이 ①, ② 순으로 접습니다.

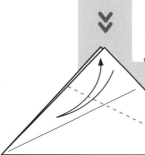

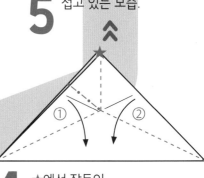

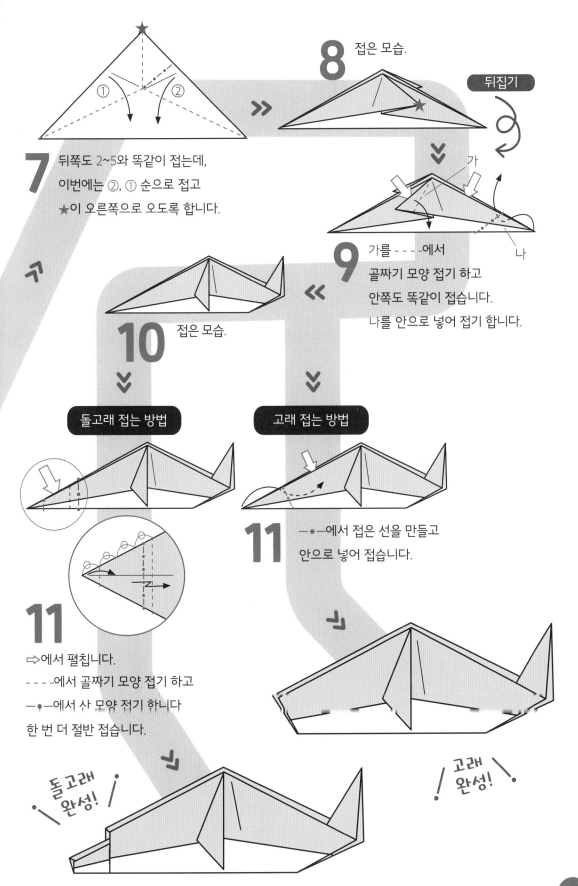

7 뒤쪽도 2~5와 똑같이 접는데,
이번에는 ②, ① 순으로 접고
★이 오른쪽으로 오도록 합니다.

8 접은 모습.

뒤집기

가를 - - - -에서
9 골짜기 모양 접기 하고
안쪽도 똑같이 접습니다.
나를 안으로 넣어 접기 합니다.

가

나

10 접은 모습.

돌고래 접는 방법

고래 접는 방법

11 - • -에서 접은 선을 만들고
안으로 넣어 접습니다.

11 ⇨에서 펼칩니다.
- - - -에서 골짜기 모양 접기 하고
- • -에서 산 모양 접기 하니다
한 번 더 절반 접습니다.

돌고래
완성!

고래
완성!

보통

쪼르르 생쥐

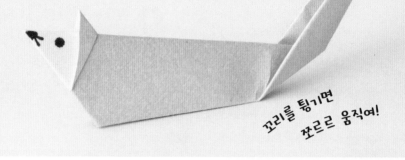

꼬리를 튕기면 쪼르르 움직여!

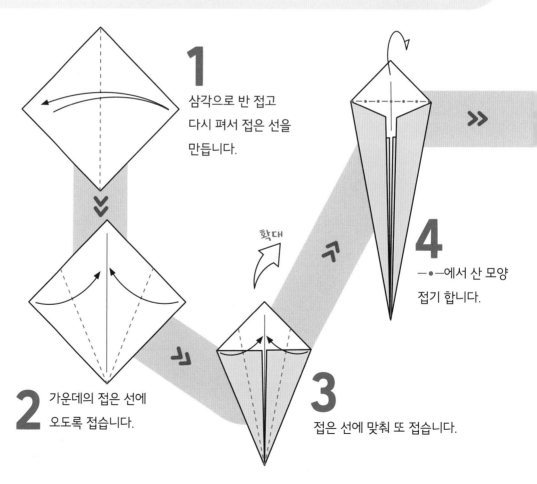

1 삼각으로 반 접고 다시 펴서 접은 선을 만듭니다.

2 가운데의 접은 선에 오도록 접습니다.

3 접은 선에 맞춰 또 접습니다.

확대

4 ─•─에서 산 모양 접기 합니다.

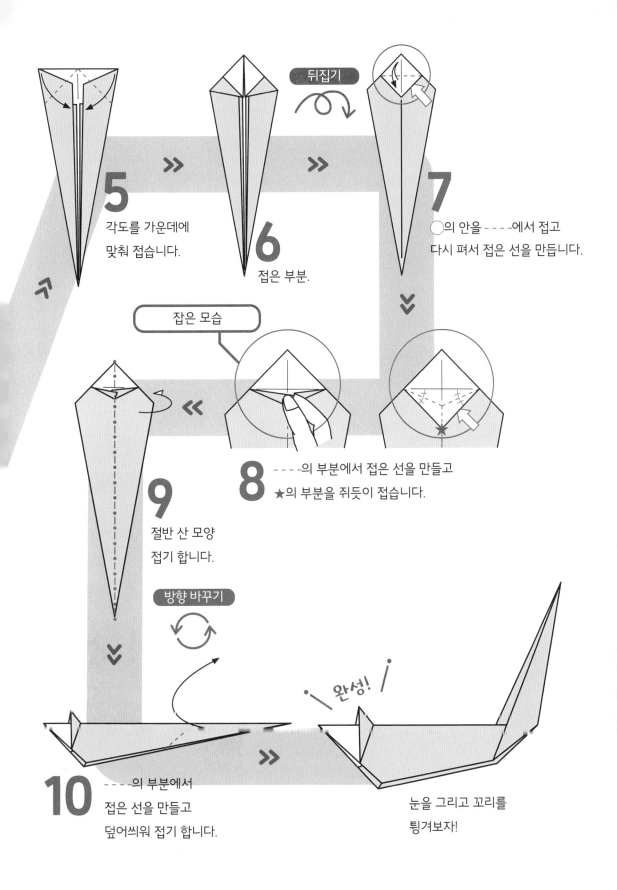

5 각도를 가운데에 맞춰 접습니다.

6 접은 부분.

뒤집기

7 ◯의 안을 - - - -에서 접고 다시 펴서 접은 선을 만듭니다.

잡은 모습

8 - - - -의 부분에서 접은 선을 만들고 ★의 부분을 쥐듯이 접습니다.

9 절반 산 모양 접기 합니다.

방향 바꾸기

10 - - - -의 부분에서 접은 선을 만들고 덮어씌워 접기 합니다.

완성!

눈을 그리고 꼬리를 튕겨보자!

보통

닭

아침에 꼬끼오 하고 울어!

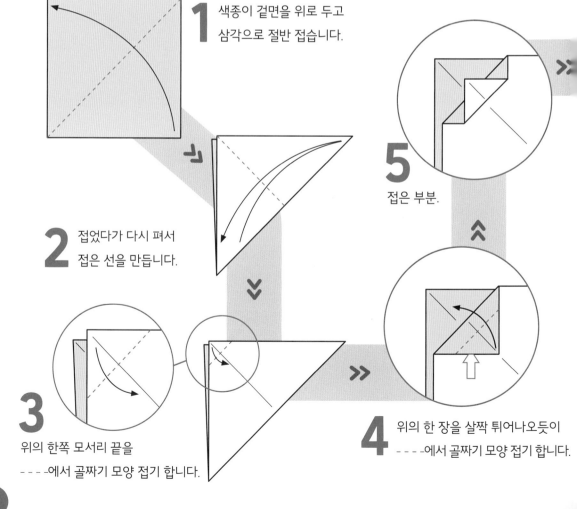

1 색종이 겉면을 위로 두고 삼각으로 절반 접습니다.

2 접었다가 다시 펴서 접은 선을 만듭니다.

3 위의 한쪽 모서리 끝을 ----에서 골짜기 모양 접기 합니다.

4 위의 한 장을 살짝 튀어나오듯이 ----에서 골짜기 모양 접기 합니다.

5 접은 부분.

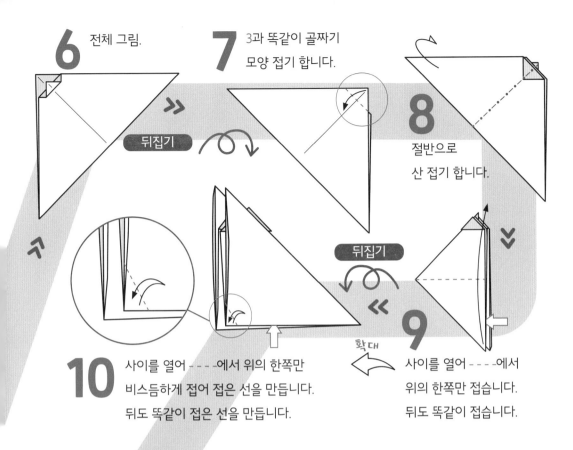

6 전체 그림.

7 3과 똑같이 골짜기 모양 접기 합니다.

8 절반으로 산 접기 합니다.

뒤집기

뒤집기

확대

9 사이를 열어 - - - -에서 위의 한쪽만 접습니다. 뒤도 똑같이 접습니다.

10 사이를 열어 - - - -에서 위의 한쪽만 비스듬하게 접어 접은 선을 만듭니다. 뒤도 똑같이 접은 선을 만듭니다.

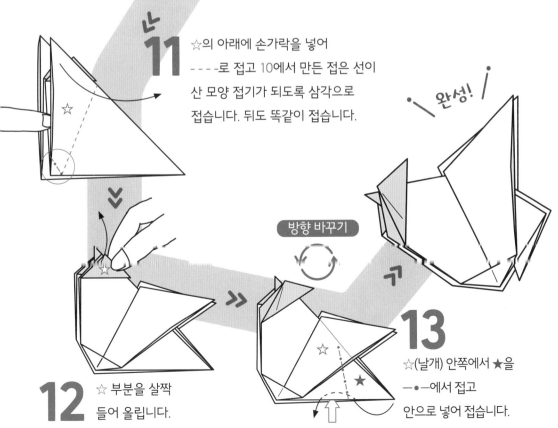

11 ☆의 아래에 손가락을 넣어 - - - -로 접고 10에서 만든 접은 선이 산 모양 접기가 되도록 삼각으로 접습니다. 뒤도 똑같이 접습니다.

완성!

방향 바꾸기

12 ☆ 부분을 살짝 들어 올립니다.

13 ☆(날개) 안쪽에서 ★을 —●—에서 접고 안으로 넣어 접습니다.

보통

날개 접은 학

날개를 접은 학의 모습이야!

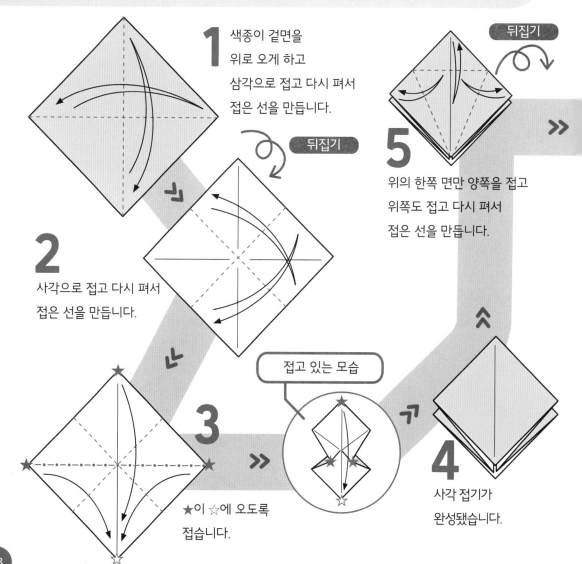

1 색종이 겉면을 위로 오게 하고 삼각으로 접고 다시 펴서 접은 선을 만듭니다.

뒤집기

2 사각으로 접고 다시 펴서 접은 선을 만듭니다.

뒤집기

3 ★이 ☆에 오도록 접습니다.

접고 있는 모습

4 사각 접기가 완성됐습니다.

5 위의 한쪽 면만 양쪽을 접고 위쪽도 접고 다시 펴서 접은 선을 만듭니다.

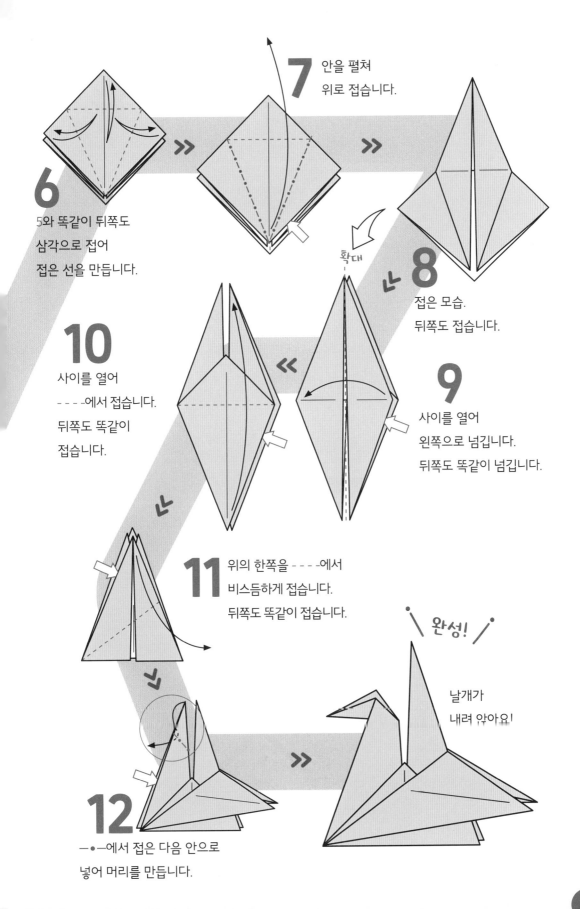

7 안을 펼쳐
위로 접습니다.

6 5와 똑같이 뒤쪽도
삼각으로 접어
접은 선을 만듭니다.

확대

8 접은 모습.
뒤쪽도 접습니다.

10 사이를 열어
- - - -에서 접습니다.
뒤쪽도 똑같이
접습니다.

9 사이를 열어
왼쪽으로 넘깁니다.
뒤쪽도 똑같이 넘깁니다.

11 위의 한쪽을 - - - -에서
비스듬하게 접습니다.
뒤쪽도 똑같이 접습니다.

완성!

날개가
내려 앉아요!

12 —•—에서 접은 다음 안으로
넣어 머리를 만듭니다.

보통

축하학

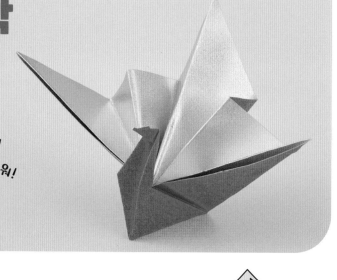

날개를 펼친 모습이
아름다워!

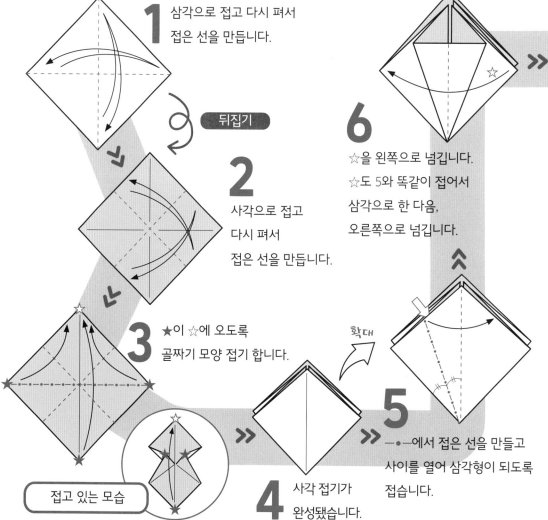

1 삼각으로 접고 다시 펴서
접은 선을 만듭니다.

뒤집기

2 사각으로 접고
다시 펴서
접은 선을 만듭니다.

3 ★이 ☆에 오도록
골짜기 모양 접기 합니다.

접고 있는 모습

4 사각 접기가
완성됐습니다.

확대

5 —•—에서 접은 선을 만들고
사이를 열어 삼각형이 되도록
접습니다.

6 ☆을 왼쪽으로 넘깁니다.
☆도 5와 똑같이 접어서
삼각으로 한 다음,
오른쪽으로 넘깁니다.

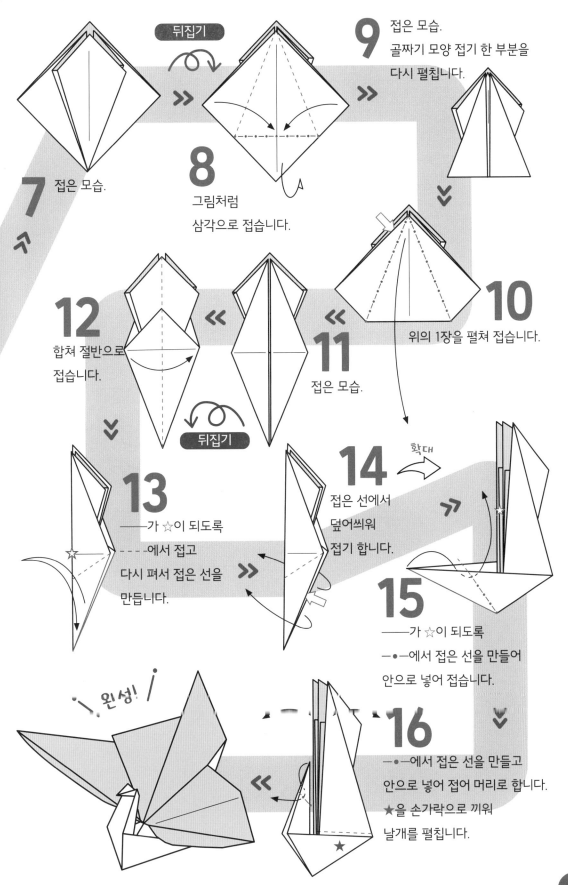

7 접은 모습.

뒤집기

8 그림처럼 삼각으로 접습니다.

9 접은 모습.
골짜기 모양 접기 한 부분을 다시 펼칩니다.

10 위의 1장을 펼쳐 접습니다.

11 접은 모습.

12 합쳐 절반으로 접습니다.

뒤집기

13 ──가 ☆이 되도록
----에서 접고
다시 펴서 접은 선을
만듭니다.

14 접은 선에서
덮어씌워
접기 합니다.

확대

15 ──가 ☆이 되도록
─•─에서 접은 선을 만들어
안으로 넣어 접습니다.

16 ─•─에서 접은 선을 만들고
안으로 넣어 접어 머리로 합니다.
★을 손가락으로 끼워
날개를 펼칩니다.

완성!

프테라노돈

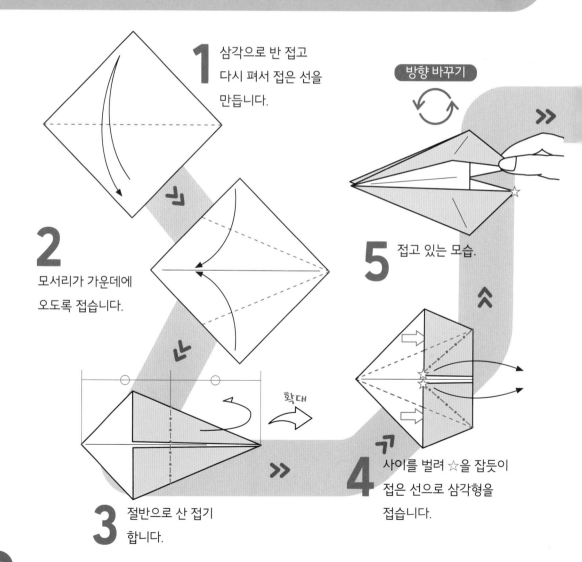

아주 먼 옛날 하늘을 날았어!

원안: 토미타 토시에

1 삼각으로 반 접고 다시 펴서 접은 선을 만듭니다.

방향 바꾸기

2 모서리가 가운데에 오도록 접습니다.

5 접고 있는 모습.

3 절반으로 산 접기 합니다.

확대

4 사이를 벌려 ☆을 잡듯이 접은 선으로 삼각형을 접습니다.

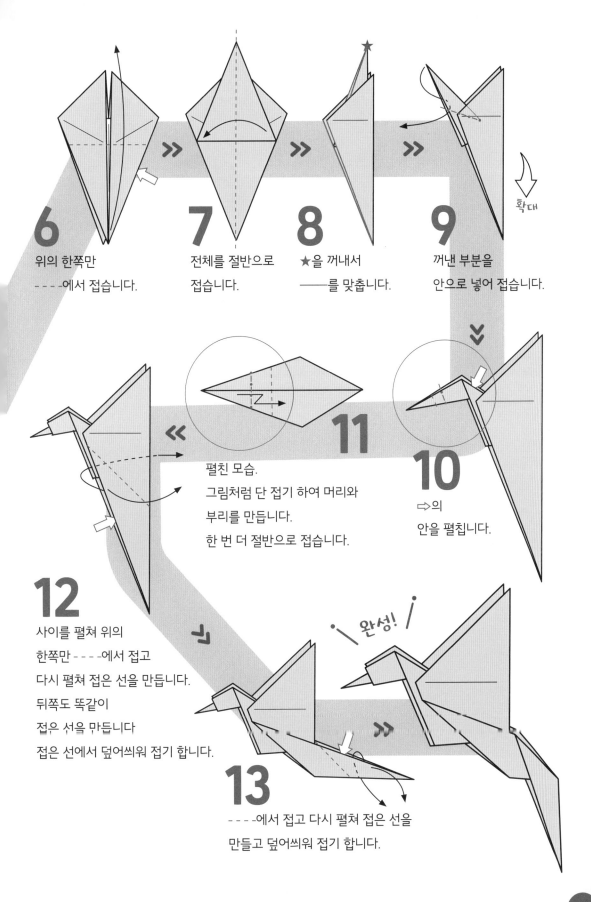

6
위의 한쪽만
----에서 접습니다.

7
전체를 절반으로
접습니다.

8
★을 꺼내서
——를 맞춥니다.

9
꺼낸 부분을
안으로 넣어 접습니다.

확대

11
펼친 모습.
그림처럼 단 접기 하여 머리와
부리를 만듭니다.
한 번 더 절반으로 접습니다.

10
⇨의
안을 펼칩니다.

12
사이를 펼쳐 위의
한쪽만 ----에서 접고
다시 펼쳐 접은 선을 만듭니다.
뒤쪽도 똑같이
접은 선을 만듭니다
접은 선에서 덮어씌워 접기 합니다.

완성!

13
----에서 접고 다시 펼쳐 접은 선을
만들고 덮어씌워 접기 합니다.

보통

손가락 인형 곰

둥그란 귀가 귀여운
곰 손가락 인형이야!

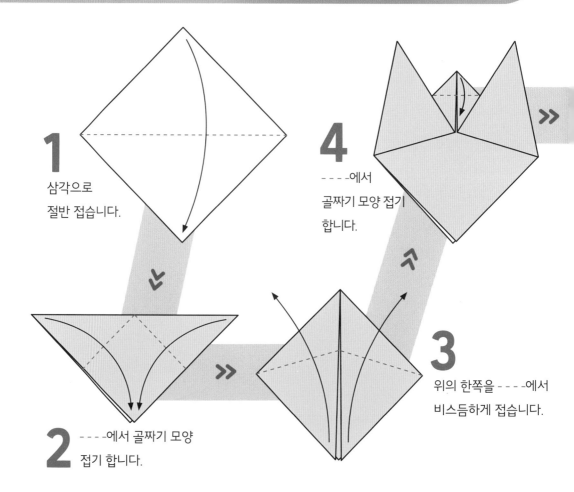

1 삼각으로
절반 접습니다.

2 ----에서 골짜기 모양
접기 합니다.

3 위의 한쪽을 ----에서
비스듬하게 접습니다.

4 ----에서
골짜기 모양 접기
합니다.

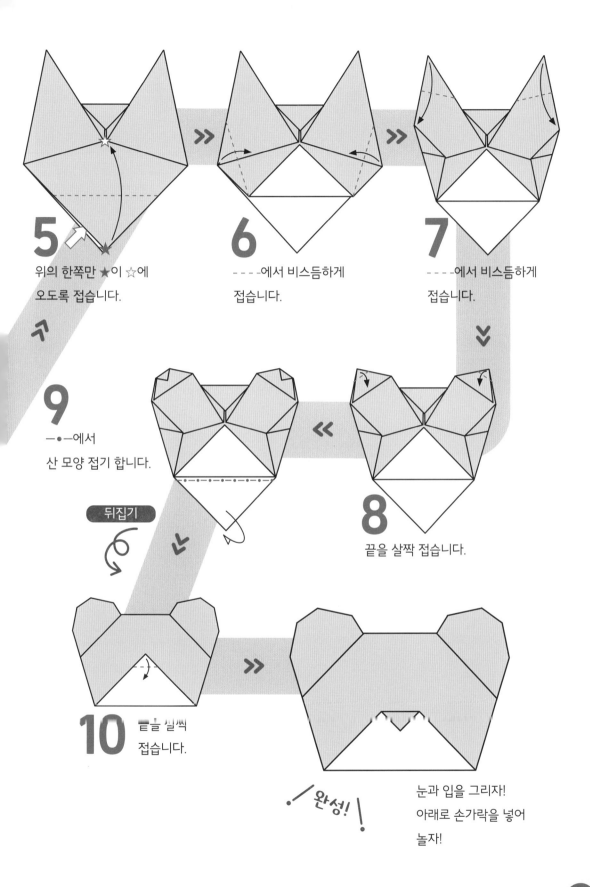

5
위의 한쪽만 ★이 ☆에
오도록 접습니다.

6
- - - -에서 비스듬하게
접습니다.

7
- - - -에서 비스듬하게
접습니다.

9
—•—에서
산 모양 접기 합니다.

뒤집기

8
끝을 살짝 접습니다.

10 끝을 살짝
접습니다.

완성!

눈과 입을 그리자!
아래로 손가락을 넣어
놀자!

손가락 인형 강아지

처진 귀가 귀여운
멍멍이 손가락 인형이야!

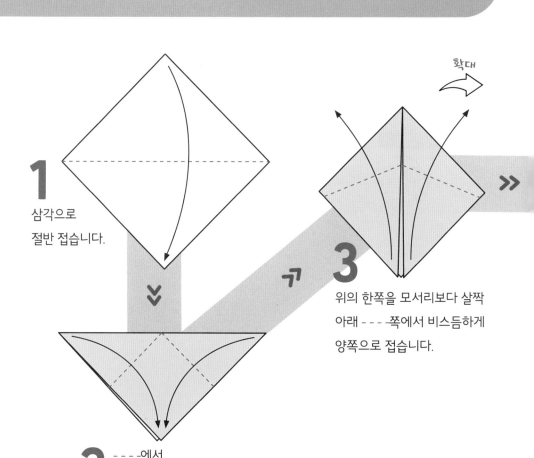

1 삼각으로
절반 접습니다.

2 ---에서
골짜기 모양 접기 합니다.

3 위의 한쪽을 모서리보다 살짝
아래 - - - 쪽에서 비스듬하게
양쪽으로 접습니다.

확대

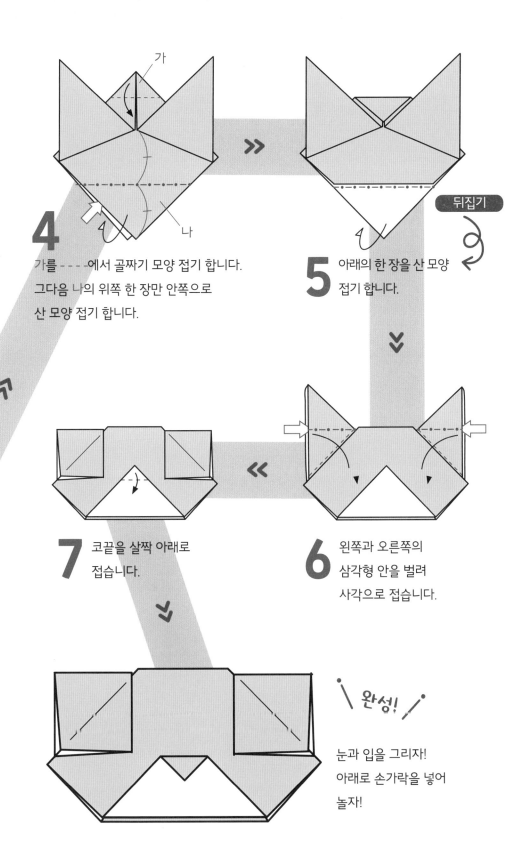

4 가를 ----에서 골짜기 모양 접기 합니다.
그다음 나의 위쪽 한 장만 안쪽으로
산 모양 접기 합니다.

가

나

뒤집기

5 아래의 한 장을 산 모양
접기 합니다.

7 코끝을 살짝 아래로
접습니다.

6 왼쪽과 오른쪽의
삼각형 안을 벌려
사각으로 접습니다.

완성!

눈과 입을 그리자!
아래로 손가락을 넣어
놀자!

손가락 인형 고양이

뾰족한 세모 귀를 가진
고양이 손가락 인형이야!

1 삼각으로 절반 접습니다.

2 ----에서 골짜기 모양 접기 합니다.

3 위의 한쪽을 모서리보다 살짝 아래
---- 쪽에서 비스듬하게 양쪽으로
접습니다.

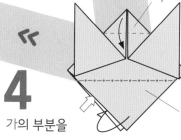

4 가의 부분을
----에서 골짜기 모양 접기 합니다.
그다음 나의 위쪽 한 장만
—•—에서 안쪽으로 산 모양 접기 합니다.

가

나

5 아래의 1장을
위로 접은 곳보다
살짝 아래에서
산 모양 접기 합니다.

6 ----에서 비스듬하게
접습니다.

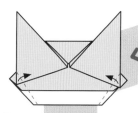

뒤집기

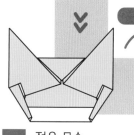

7 접은 모습.

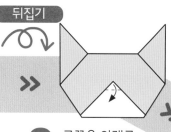

8 코끝을 아래로
접습니다.

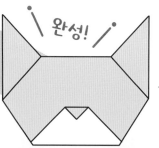

완성!

눈과 입을 그리ㅈ

보통

손가락 인형 토끼

광총광총 귀여운
토끼 손가락 인형이야!

1
삼각으로 절반 접습니다.

2 위를 살짝
----에서 접습니다.

3
★이 ☆에 오도록
접습니다.

확대

4
위 모서리 가를
----에서 접습니다.
그다음 나를 열어 양쪽 모두
절반으로 위로 접습니다.

가

나　　　나

5
사이를 열어 위의 1장만
절반으로 접습니다.

6
----에서 비스듬하게
접습니다.

7
아래 한 장을
반대 방향으로
산 모양 접기 합니다.

뒤집기

완성!

눈과 입을
그리자!

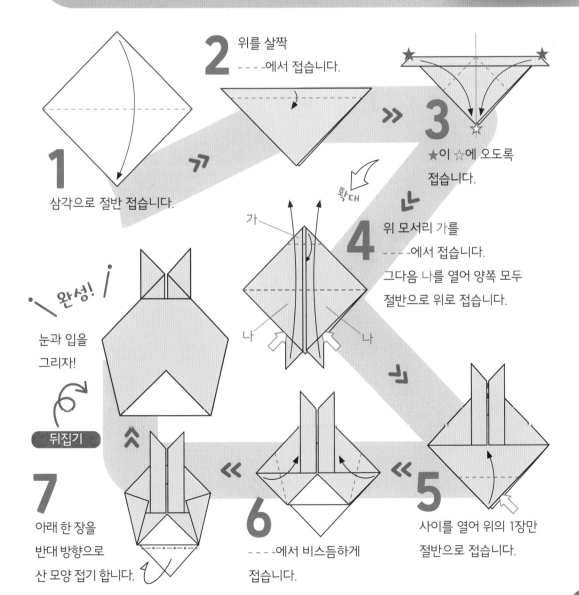

보통

붕어빵

팥이 가득해서 맛있어!

1 색종이 겉면을 위로 두고 사각 접기 하고 다시 펴서 접은 선을 만듭니다.

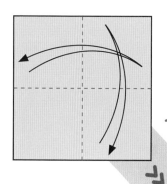

뒤집기

2 삼각으로 접고 다시 펴서 접은 선을 만듭니다.

방향 바꾸기

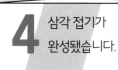

4 삼각 접기가 완성됐습니다.

3 ★이 ☆에 오도록 골짜기 모양 접기 합니다.

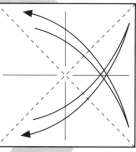

접고 있는 모습

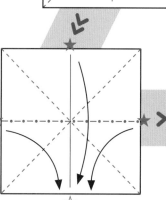

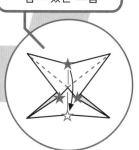

70

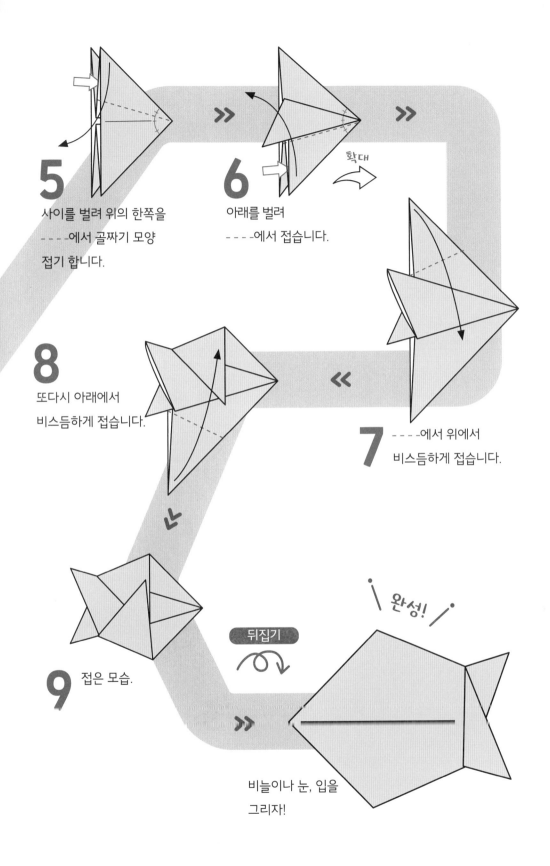

5 사이를 벌려 위의 한쪽을
- - - -에서 골짜기 모양
접기 합니다.

6 아래를 벌려
- - - -에서 접습니다.

확대

7 - - - - -에서 위에서
비스듬하게 접습니다.

8 또다시 아래에서
비스듬하게 접습니다.

9 접은 모습.

뒤집기

완성!

비늘이나 눈, 입을
그리자!

피망

보통

좋아하는 채소?
싫어하는 채소?

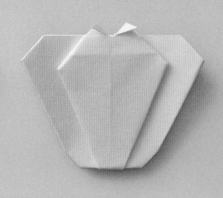

원안: 토미타 토시에

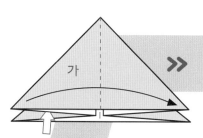

1

색종이 겉면을 위로 두고
사각으로 접고 다시 펴서
접은 선을 만듭니다.

뒤집기

2

삼각으로 접고 다시 펴서
접은 선을 만듭니다.

5 위의 한쪽 가를 오른쪽으로
넘깁니다.

4

삼각 접기가
완성됐습니다.

접고 있는 모습

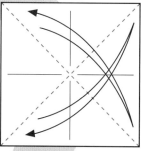

3

★이 ☆에
오도록 접습니다.

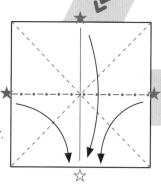

72

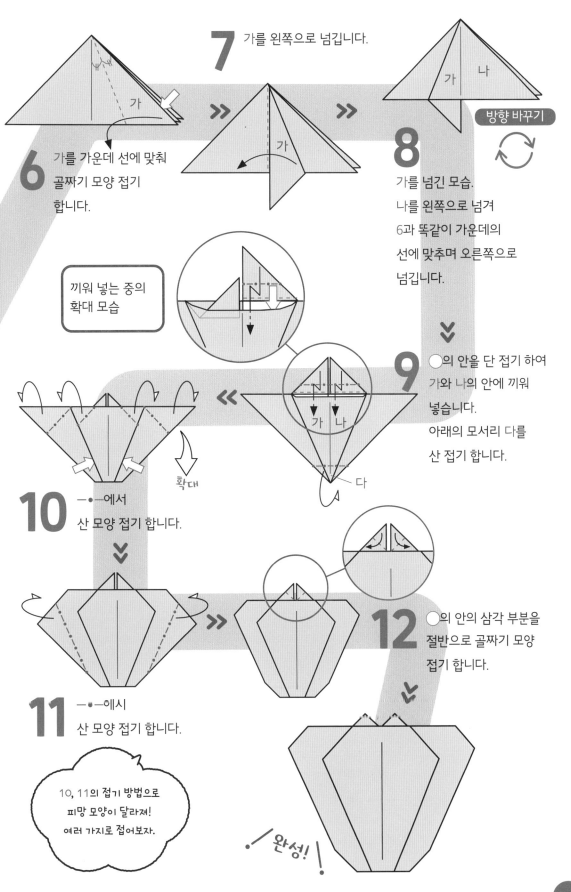

7 가를 왼쪽으로 넘깁니다.

6 가를 가운데 선에 맞춰 골짜기 모양 접기 합니다.

방향 바꾸기

8 가를 넘긴 모습.
나를 왼쪽으로 넘겨
6과 똑같이 가운데의
선에 맞추며 오른쪽으로
넘깁니다.

끼워 넣는 중의
확대 모습

9 ◯의 안을 단 접기 하여
가와 나의 안에 끼워
넣습니다.
아래의 모서리 다를
산 접기 합니다.

확대

10 —•—에서
산 모양 접기 합니다.

12 ◯의 안의 삼각 부분을
절반으로 골짜기 모양
접기 합니다.

11 —•—에시
산 모양 접기 합니다.

10, 11의 접기 방법으로
피망 모양이 달라져!
여러 가지로 접어보자.

/완성!

호박

보통

얼굴을 그리면
할로윈 장식이 돼!

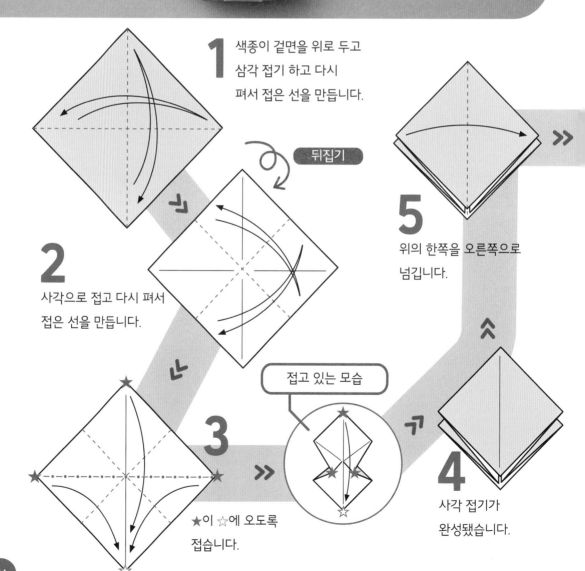

1 색종이 겉면을 위로 두고
삼각 접기 하고 다시
펴서 접은 선을 만듭니다.

뒤집기

2 사각으로 접고 다시 펴서
접은 선을 만듭니다.

3 ★이 ☆에 오도록
접습니다.

접고 있는 모습

4 사각 접기가
완성됐습니다.

5 위의 한쪽을 오른쪽으로
넘깁니다.

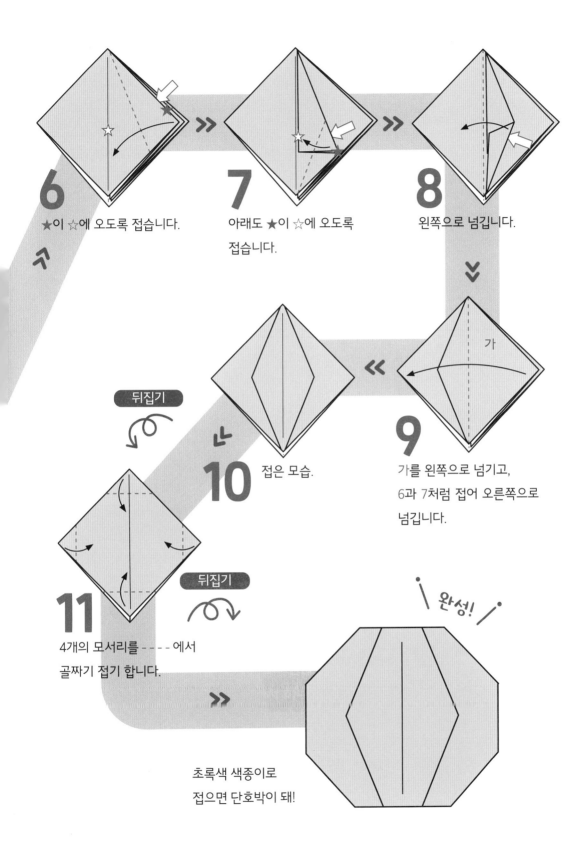

6 ★이 ☆에 오도록 접습니다.

7 아래도 ★이 ☆에 오도록 접습니다.

8 왼쪽으로 넘깁니다.

9 가를 왼쪽으로 넘기고, 6과 7처럼 접어 오른쪽으로 넘깁니다.

가

10 접은 모습.

뒤집기

11 4개의 모서리를 - - - -에서 골짜기 접기 합니다.

뒤집기

완성!

초록색 색종이로 접으면 단호박이 돼!

야꼬상과 하카마

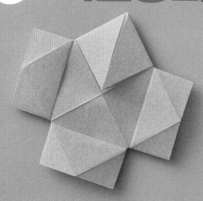 

일본의 전통 의상
종이접기야!

1

삼각으로 접고 다시 펴서
접은 선을 만듭니다.

2

모서리를 4곳 모두
가운데에 맞춰 접습니다.

뒤집기

3

또다시 모서리를 가운데에
맞춰 접습니다.

확대

4 접은 모습.

뒤집기

5

모서리를 4곳 모두
가운데에 맞춰 접습니다.

뒤집기

6 접은 모습.

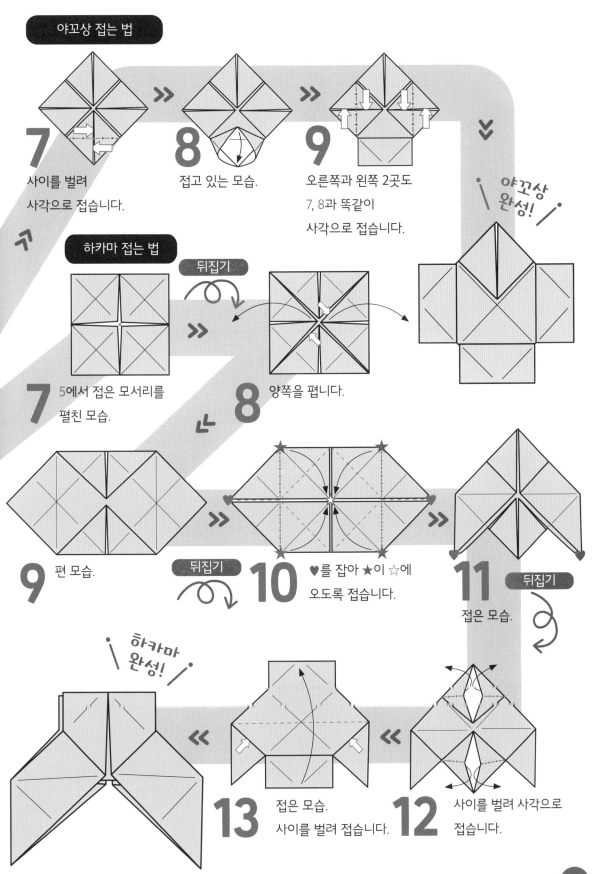

야꼬상 접는 법

7 사이를 벌려
사각으로 접습니다.

8 접고 있는 모습.

9 오른쪽과 왼쪽 2곳도
7, 8과 똑같이
사각으로 접습니다.

야꼬상
완성!

하카마 접는 법

뒤집기

7 5에서 접은 모서리를
펼친 모습.

8 양쪽을 폅니다.

9 편 모습.

뒤집기

10 ♥를 잡아 ★이 ☆에
오도록 접습니다.

11 접은 모습.

뒤집기

하카마
완성!

13 접은 모습.
사이를 벌려 접습니다.

12 사이를 벌려 사각으로
접습니다.

산타클로스

크리스마스 때
접어서 꾸며보자!

원안: 토미타 토시에

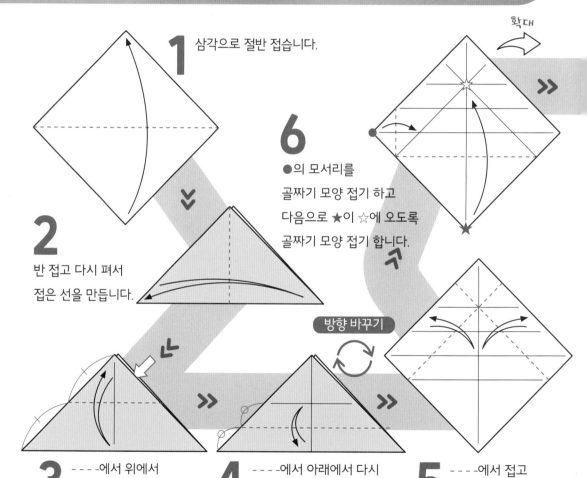

1 삼각으로 절반 접습니다.

2 반 접고 다시 펴서 접은 선을 만듭니다.

3 ----에서 위에서 1장만 접고 다시 펴서 접은 선을 만듭니다.

4 ----에서 아래에서 다시 펴서 접은 선을 만듭니다.

5 ----에서 접고 다시 펴서 접은 선을 만듭니다.

6 ●의 모서리를 골짜기 모양 접기 하고 다음으로 ★이 ☆에 오도록 골짜기 모양 접기 합니다.

확대

방향 바꾸기

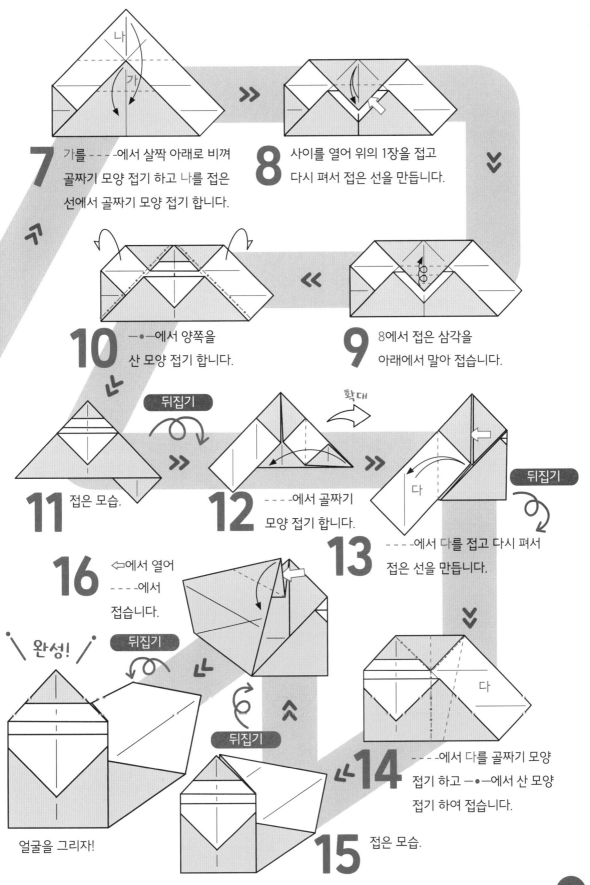

7 가를 ----에서 살짝 아래로 비껴 골짜기 모양 접기 하고 나를 접은 선에서 골짜기 모양 접기 합니다.

8 사이를 열어 위의 1장을 접고 다시 펴서 접은 선을 만듭니다.

10 ─•─에서 양쪽을 산 모양 접기 합니다.

9 8에서 접은 삼각을 아래에서 말아 접습니다.

뒤집기

11 접은 모습.

12 ----에서 골짜기 모양 접기 합니다.

확대

13 ----에서 다를 접고 다시 펴서 접은 선을 만듭니다.

뒤집기

16 ⇐에서 열어 ----에서 접습니다.

뒤집기

완성!

얼굴을 그리자!

뒤집기

14 ----에서 다를 골짜기 모양 접기 하고 ─•─에서 산 모양 접기 하여 접습니다.

15 접은 모습.

집과 피아노

지붕이 예쁜 집!

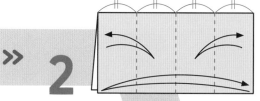

1 사각으로 절반 접습니다.

2 다시 반 접고 다시 펴서 가운데의 접은 선에 맞춰 양쪽에서 접고 다시 펴 접은 선을 4등분 합니다.

3 위의 모서리를 2에서 만든 접은 선에 맞춰 삼각으로 접고 다시 폅니다.

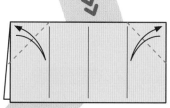

4 사이를 펴서 접은 선에서 삼각으로 접습니다.

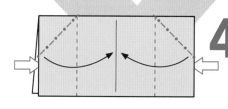

집 완성!

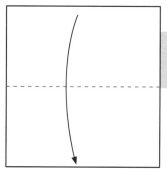

창과 문을 그리자!

악기

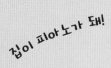

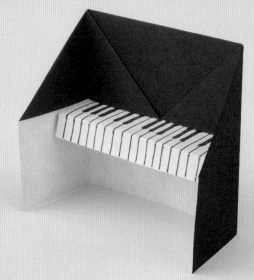

피아노 접는 법

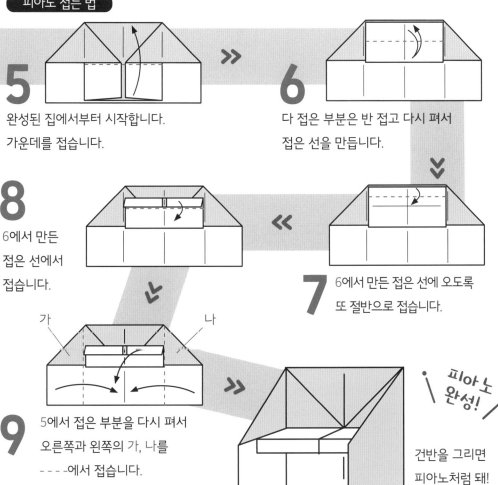

5 완성된 집에서부터 시작합니다.
가운데를 접습니다.

6 다 접은 부분은 반 접고 다시 펴서
접은 선을 만듭니다.

8 6에서 만든
접은 선에서
접습니다.

7 6에서 만든 접은 선에 오도록
또 절반으로 접습니다.

가   나

9 5에서 접은 부분을 다시 펴서
오른쪽과 왼쪽의 가, 나를
----에서 접습니다.

피아노
완성!

건반을 그리면
피아노처럼 돼!

81

보통

원피스

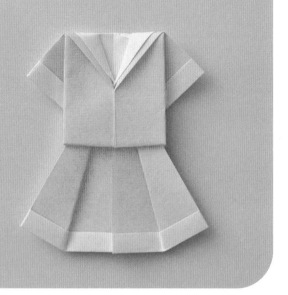

치마 주름이 예뻐!

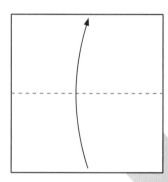

1

사각으로
절반 접습니다.

2

끝을 가늘게 골짜기 모양
접기 합니다.
뒤쪽도 똑같이
접습니다.

3

열어서 겉면이
위로 오게
둡니다.

4 절반 접습니다.

5

위의 1장만 절반으로
골짜기 모양 접기 합니다.
뒤쪽도 똑같이 접습니다.

확대

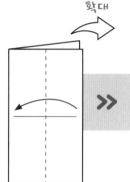

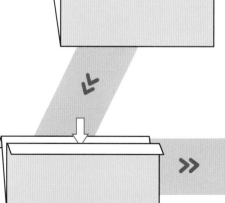

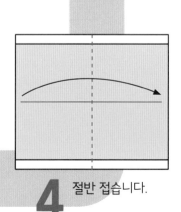

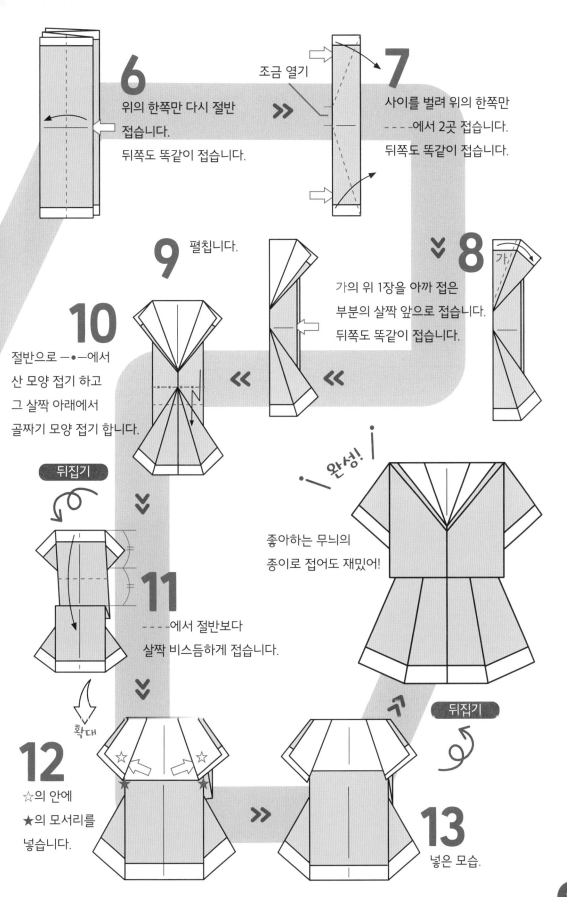

6 위의 한쪽만 다시 절반 접습니다.
뒤쪽도 똑같이 접습니다.

조금 열기

7 사이를 벌려 위의 한쪽만 ----에서 2곳 접습니다.
뒤쪽도 똑같이 접습니다.

9 펼칩니다.

8 가의 위 1장을 아까 접은 부분의 살짝 앞으로 접습니다.
뒤쪽도 똑같이 접습니다.

가

10 절반으로 —•—에서 산 모양 접기 하고 그 살짝 아래에서 골짜기 모양 접기 합니다.

뒤집기

확대

11 ----에서 절반보다 살짝 비스듬하게 접습니다.

12 ☆의 안에 ★의 모서리를 넣습니다.

13 넣은 모습.

뒤집기

완성!

좋아하는 무늬의 종이로 접어도 재밌어!

보통

쌍둥이배와 톳단배

쌍둥이배가
톳단배로 변신해

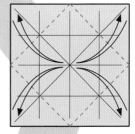

1
사각을 반으로 접고 다시 펴서
접은 선을 만듭니다.

2
접은 선에 맞춰 접고
다시 펴서 접은 선을
만듭니다.

3
1, 2와 똑같이
세로로도 4등분
접은 선을 만듭니다.

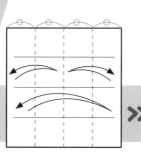

4
삼각으로 접고 다시 펴서
접은 선을 만듭니다.

뒤집기

5
4곳 모서리가 가운데에 오도록 접고
다시 펴서 접은 선을 만듭니다.

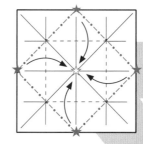

뒤집기

6
1~5에서 접은 선을 사용해
★이 ☆에 모이도록 접습니다.

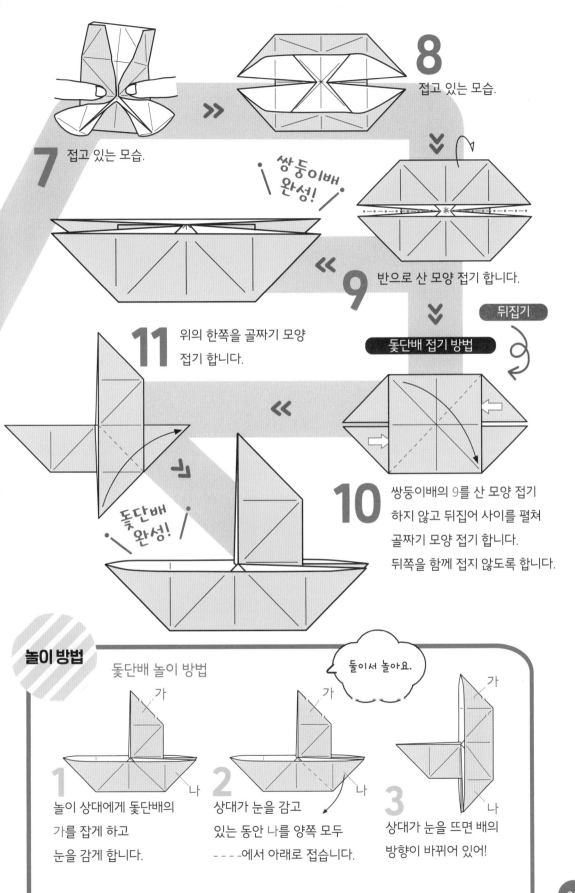

8 접고 있는 모습.

7 접고 있는 모습.

쌍둥이배 완성!

반으로 산 모양 접기 합니다.

9

11 위의 한쪽을 골짜기 모양 접기 합니다.

뒤집기

돛단배 접기 방법

10 쌍둥이배의 9를 산 모양 접기 하지 않고 뒤집어 사이를 펼쳐 골짜기 모양 접기 합니다. 뒤쪽을 함께 접지 않도록 합니다.

돛단배 완성!

놀이 방법

돛단배 놀이 방법

둘이서 놀아요.

가

가

가

나

나

나

1 놀이 상대에게 돛단배의 가를 잡게 하고 눈을 감게 합니다.

2 상대가 눈을 감고 있는 동안 나를 양쪽 모두 - - - 에서 아래로 접습니다.

3 상대가 눈을 뜨면 배의 방향이 바뀌어 있어!

보통

의자

등받이가 길어
멋진 의자야!

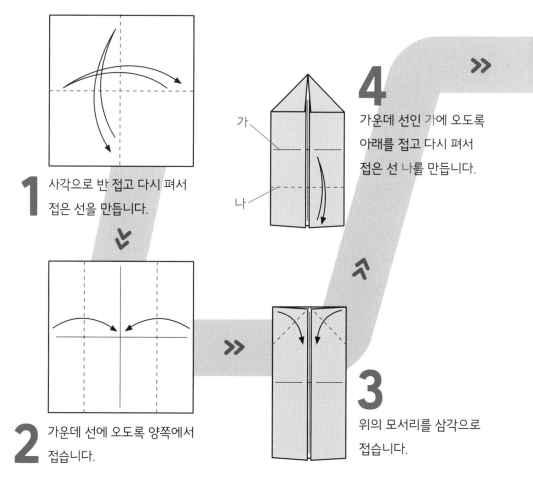

1 사각으로 반 접고 다시 펴서
접은 선을 만듭니다.

2 가운데 선에 오도록 양쪽에서
접습니다.

3 위의 모서리를 삼각으로
접습니다.

4 가운데 선인 가에 오도록
아래를 접고 다시 펴서
접은 선 나를 만듭니다.

가

나

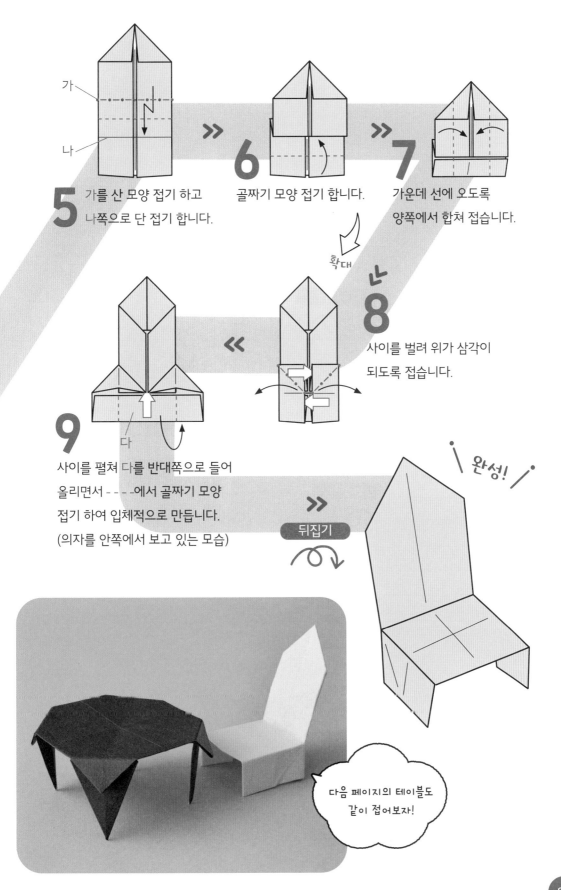

5 가를 산 모양 접기 하고 나쪽으로 단 접기 합니다.

가

나

6 골짜기 모양 접기 합니다.

확대

7 가운데 선에 오도록 양쪽에서 합쳐 접습니다.

8 사이를 벌려 위가 삼각이 되도록 접습니다.

9 사이를 펼쳐 다를 반대쪽으로 들어 올리면서 - - - - -에서 골짜기 모양 접기 하여 입체적으로 만듭니다. (의자를 안쪽에서 보고 있는 모습)

다

뒤집기

완성!

다음 페이지의 테이블도 같이 접어보자!

테이블

보통

의자와 함께 접어봐!

1

사각을 반으로 접고
다시 펴서 접은 선을
만듭니다.

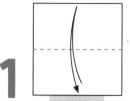

2

접은 선에 맞춰 접고 다시
펴서 접은 선을 만듭니다.

3

1, 2와 똑같이 세로도 4등분 접
은 선을 만듭니다.

뒤집기

4

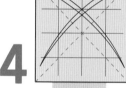

삼각으로 반 접고 다시 펴서
접은 선을 만듭니다.

5

모서리를 가운데에 오도록
접고 다시 폅니다.

뒤집기

6

☆이 가운데에 오도록
아까 만든 선을 따라 접습니다.

확대

7

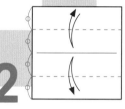

접은 모습.
----처럼 접은 선을 만듭니다.

8

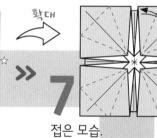

⇨를 벌려 접습니다.
나머지도 접습니다.

9

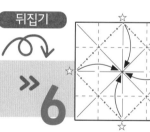

모서리를 4개 골짜기 모양
접기 하여 다리를 만듭니다.

완성!

뒤집기

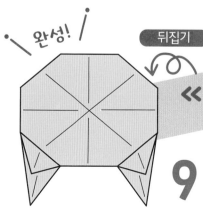

사용할 수 있는
종이접기

접으면 쓸 수 있는 종이접기가 많이 있어!

모자나 투구는 큰 종이로 접으면 머리에 쓸 수 있어.

다 같이 써보자!

여러 가지 모양의 상자가 있어.

상자에 좋아하는 물건이나 과자를 넣어

친구들에게 선물하는 것도 좋아!

헬멧

인형에
씌워 보자!

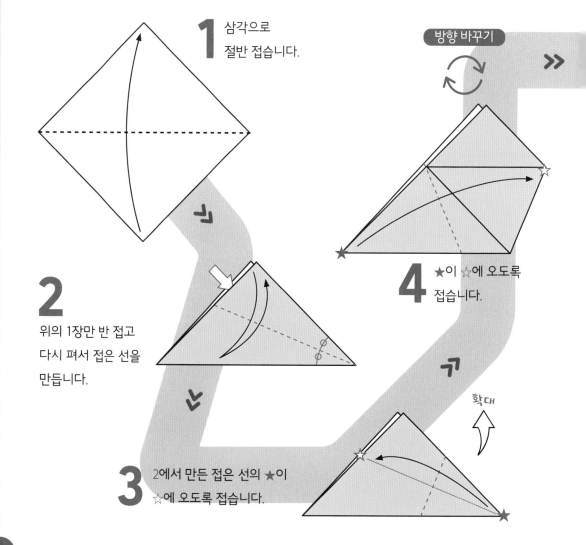

1 삼각으로
절반 접습니다.

2
위의 1장만 반 접고
다시 펴서 접은 선을
만듭니다.

3 2에서 만든 접은 선의 ★이
☆에 오도록 접습니다.

방향 바꾸기

4 ★이 ☆에 오도록
접습니다.

확대

5 위의 삼각을 ⇧에서 열어 1장만 안으로 접어 넣습니다.

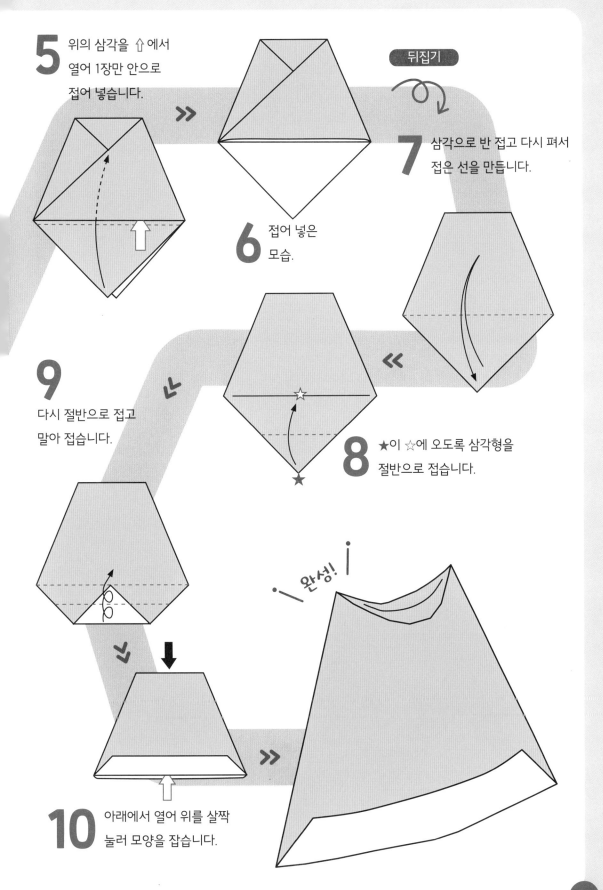

뒤집기

6 접어 넣은 모습.

7 삼각으로 반 접고 다시 펴서 접은 선을 만듭니다.

8 ★이 ☆에 오도록 삼각형을 절반으로 접습니다.

9 다시 절반으로 접고 말아 접습니다.

10 아래에서 열어 위를 살짝 눌러 모양을 잡습니다.

¡완성!

간단

삼각형이
많이 숨어 있는 모자야!

산책 모자

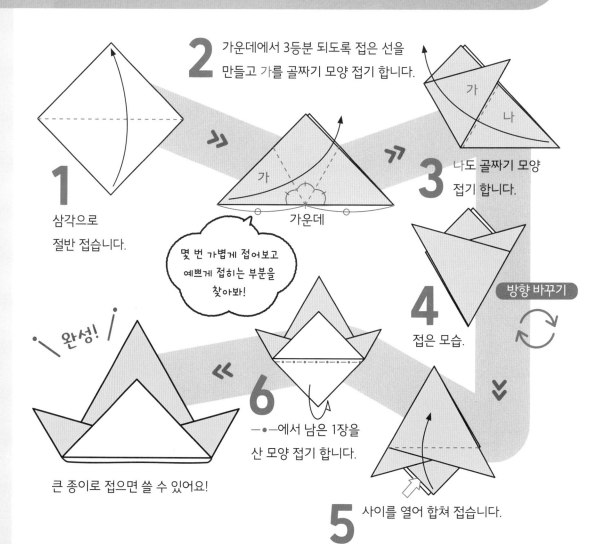

2 가운데에서 3등분 되도록 접은 선을
만들고 가를 골짜기 모양 접기 합니다.

1 삼각으로
절반 접습니다.

가

가운데

몇 번 가볍게 접어보고
예쁘게 접히는 부분을
찾아봐!

가
나

3 나도 골짜기 모양
접기 합니다.

4 접은 모습.

방향 바꾸기

완성!

6 ─●─에서 남은 1장을
산 모양 접기 합니다.

큰 종이로 접으면 쓸 수 있어요!

5 사이를 열어 합쳐 접습니다.

92

투구

전통적인
종이접기야!

1
삼각으로 접고
다시 펴서 접은 선을
만듭니다.

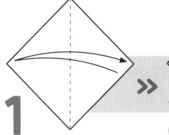

2
삼각으로 접습니다.

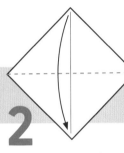

3 가운데의 접은 선을
따라 접습니다.

확대

4
위의 한쪽만 절반으로
접습니다.

5 4에서 접은 모서리를
바깥으로 살짝 접습니다.

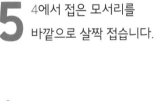

6
위의 1장만
그럼처럼 접습니다.

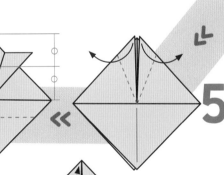

7
- - - 에서 접습니다.

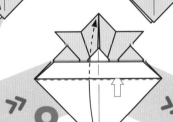

8
남은 1장을 골짜기 모양 접기
하여 안으로 넣습니다.

완성!

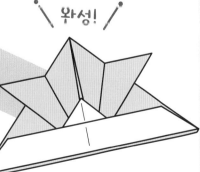

93

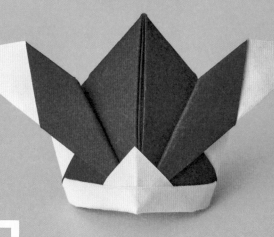

둥그런 귀여운 투구야!

보통

젊은 무사 투구

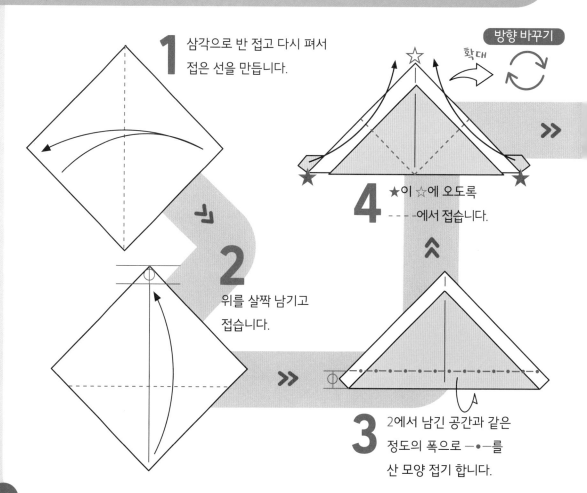

1 삼각으로 반 접고 다시 펴서 접은 선을 만듭니다.

2 위를 살짝 남기고 접습니다.

3 2에서 남긴 공간과 같은 정도의 폭으로 ─•─를 산 모양 접기 합니다.

4 ★이 ☆에 오도록 ----에서 접습니다.

방향 바꾸기

확대

94

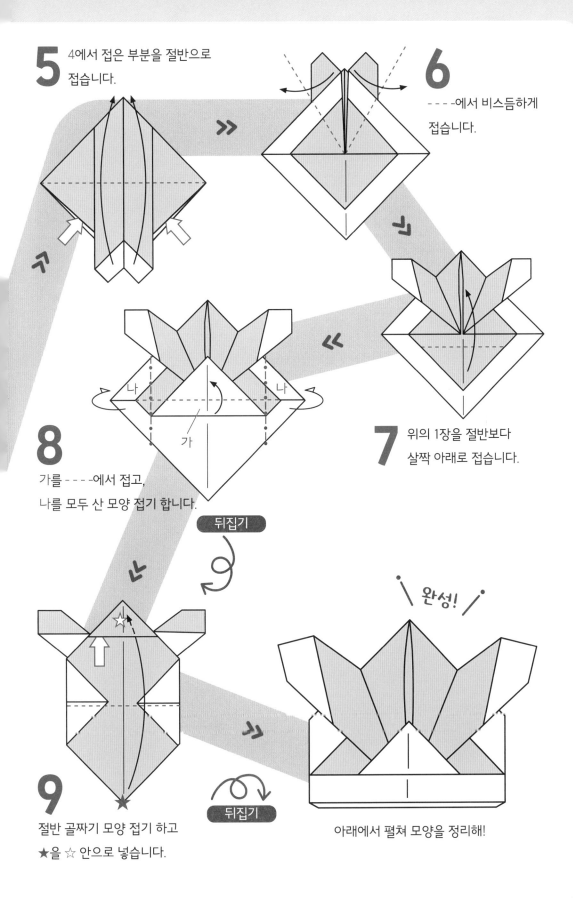

5 4에서 접은 부분을 절반으로
접습니다.

6 ----에서 비스듬하게
접습니다.

7 위의 1장을 절반보다
살짝 아래로 접습니다.

8 가를 ----에서 접고,
나를 모두 산 모양 접기 합니다.

나 가 나

뒤집기

9 절반 골짜기 모양 접기 하고
★을 ☆ 안으로 넣습니다.

뒤집기

완성!

아래에서 펼쳐 모양을 정리해!

뿔이 길어
멋진 투구야!

보통

뿔이 긴 투구

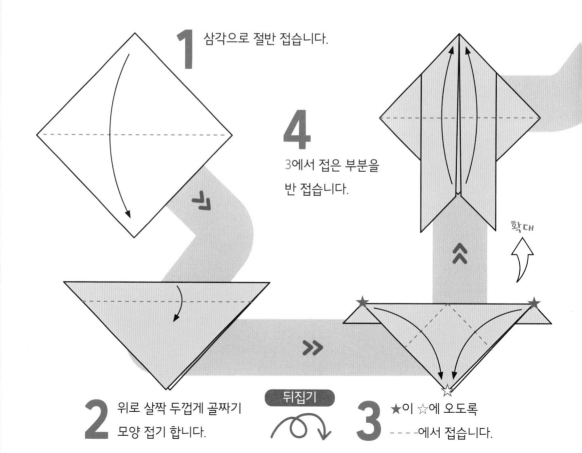

1 삼각으로 절반 접습니다.

2 위로 살짝 두껍게 골짜기
모양 접기 합니다.

뒤집기

3 ★이 ☆에 오도록
- - - -에서 접습니다.

4 3에서 접은 부분을
반 접습니다.

확대

5 ----에서 비스듬하게 골짜기 모양 접기 합니다.

6 아래에서 열어 위의 1장만 접고 다시 펴서 접은 선을 만듭니다.

7 위의 1장만 위의 삼각 가운데 쪽으로 접습니다.

8 사이를 벌려 6에서 만든 접은 선에서 접습니다.

9 남은 1장을 ─•─에서 산 모양 접기 하고 뒤쪽 삼각 안으로 넣습니다.

어떤 투구가 가장 좋아?

완성!

아래를 벌려 모양을 잡아줘!

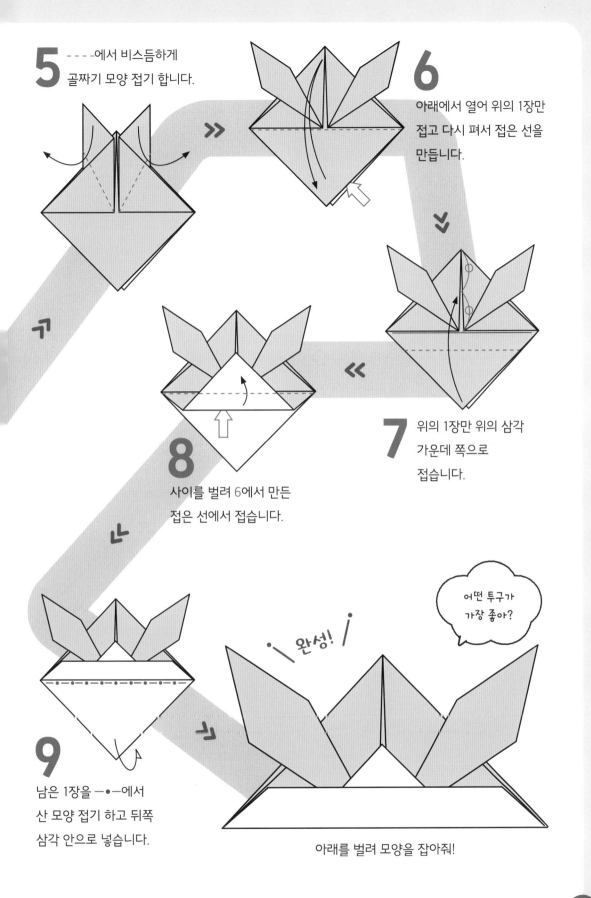

어려움

보물을 담을 수 있는
예쁜 상자야!

보물상자

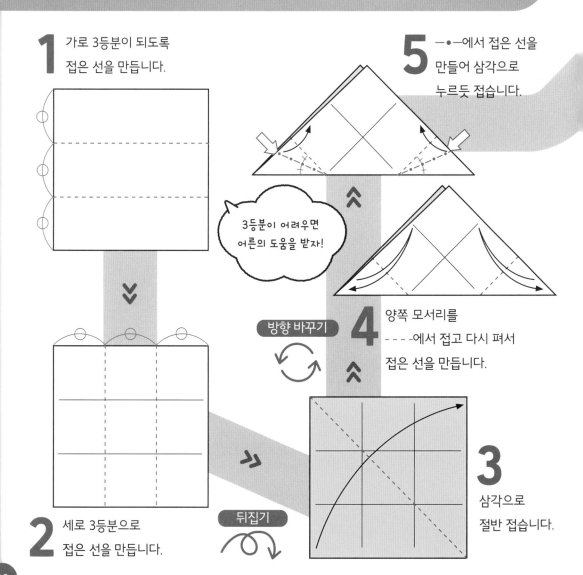

1 가로 3등분이 되도록
접은 선을 만듭니다.

2 세로 3등분으로
접은 선을 만듭니다.

뒤집기

3 삼각으로
절반 접습니다.

방향 바꾸기

4 양쪽 모서리를
----에서 접고 다시 펴서
접은 선을 만듭니다.

5 —•—에서 접은 선을
만들어 삼각으로
누르듯 접습니다.

3등분이 어려우면
어른의 도움을 받자!

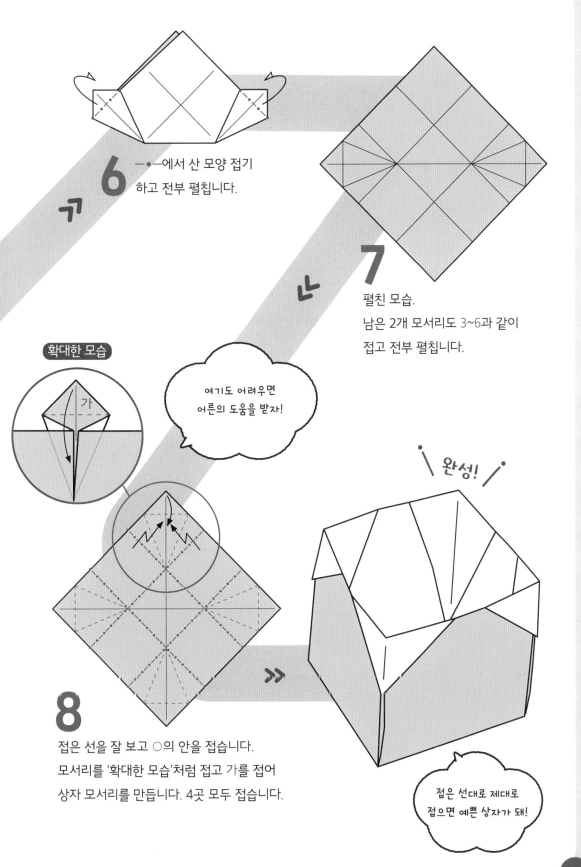

6 ─•─에서 산 모양 접기 하고 전부 펼칩니다.

7 펼친 모습.
남은 2개 모서리도 3~6과 같이 접고 전부 펼칩니다.

확대한 모습

가

여기도 어려우면 어른의 도움을 받자!

완성!

8 접은 선을 잘 보고 ○의 안을 접습니다.
모서리를 '확대한 모습'처럼 접고 가를 접어
상자 모서리를 만듭니다. 4곳 모두 접습니다.

접은 선대로 제대로
접으면 예쁜 상자가 돼!

보통

삼방

'삼방'은 달에게 바치는
경단 등을 담는 그릇!

1

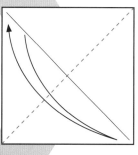

삼각으로 접고
다시 펴서
접은 선을 만듭니다.

2

다른 한쪽도
접은 선을 만듭니다.

3

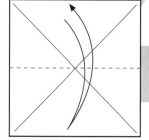

사각으로 접고
다시 펴서 접은 선을
만듭니다.

4

세로로도 접은 선을
만듭니다.

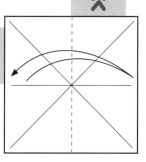

5

가운데에서 만나도록
모서리를 접습니다.

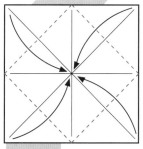

6

접은 모습.

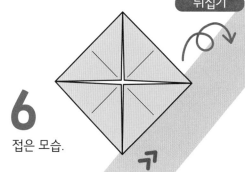

뒤집기

7

★이 ☆에 오도록
접은 선을 만듭니다.

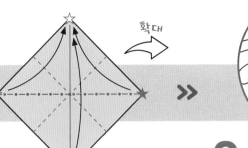

확대

8
접고 있는 모습.

9

사이를 벌려 위의 한쪽을 접고
다시 펴서 접은 선을 만듭니다.
뒤쪽도 똑같이 접은 선을
만듭니다.

10

⇨에서 벌려 아래가 사각이
되도록 접습니다.
뒤쪽도 똑같이 접습니다.

11

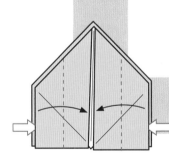

사각으로 접은 모습.
위의 한쪽을 왼쪽으로
넘깁니다.
뒤쪽도 똑같이 접습니다.

12

가운데에 오도록 양쪽에서
골짜기 모양 접기 합니다.
뒤쪽도 똑같이 접습니다.

13

위의 한쪽만 접어 내립니다.
뒤쪽도 똑같이 접습니다.

14

사이를 벌려 안을 가볍게
누르거나 당겨 평평하게
사각 모양을 잡아줍니다.

완성!

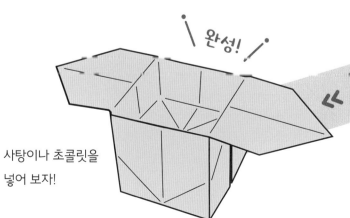

사탕이나 초콜릿을
넣어 보자!

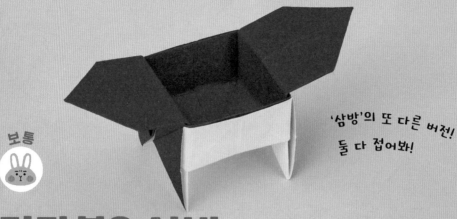

'삼방'의 또 다른 버전!
둘 다 접어봐!

보통

다리 붙은 삼방

1~10까지는 100페이지의
'산방'과 같은 종이접기야!

1 삼각으로 반 접고
다시 펴서
접은 선을 만듭니다.

2 다른 한쪽도 접은 선을
만듭니다.

3 사각으로 접고 다시 펴서
접은 선을 만듭니다.

4 세로로도 접은 선을
만듭니다.

5 가운데에서 만나도록
모서리를 접습니다.

6 접은 모습.

확대

뒤집기

7 ★이 ☆에
오도록
접은 선대로
접습니다.

확대

8 접고 있는 모습.

살짝 어렵지만
9처럼 되도록
접은 선을 보면서
접어보자!

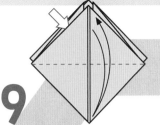

9

사이를 벌려 위의 한쪽만
접은 선을 만듭니다.
뒤쪽도 똑같이 접습니다.

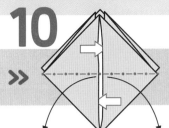

10

⇨에서 열어 아래가
사각이 되도록 접습니다.
뒤쪽도 똑같이 접습니다.

11

합쳐서 위로 접고 다시 펴서
접은 선을 만듭니다.

12

아래 모서리를 ----에서
삼각으로 접고 다시 펴서
접은 선을 만듭니다.
뒤쪽도 똑같이 접습니다.

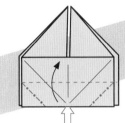

«13

사이를 벌려 ----에서 골짜기 모양
접기 하면서 양쪽을 접습니다.

14

접은 모습.
뒤쪽도 똑같이 접습니다.

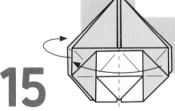

15

위의 한쪽을 왼쪽으로 넘깁니다.
뒤쪽도 똑같이 접습니다.

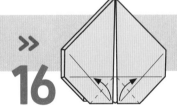

16

----에서 위의 1장만 삼각으로
접습니다.
뒤쪽도 똑같이 접습니다.

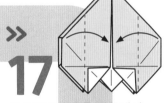

17

가운데에 오도록 양쪽에서
골짜기 모양 접기 합니다.
뒤쪽도 똑같이 접습니다.

완성!

«19

사이를 벌려 가운데를
가볍게 접거나
당겨서 모양을 잡습니다.

«18

위의 한쪽만 접습니다.
뒤쪽도 똑같이 접습니다.

다리가 있어 귀여워!

상자 모서리가
뾰족해서 재밌네!

보통

뾰족 상자

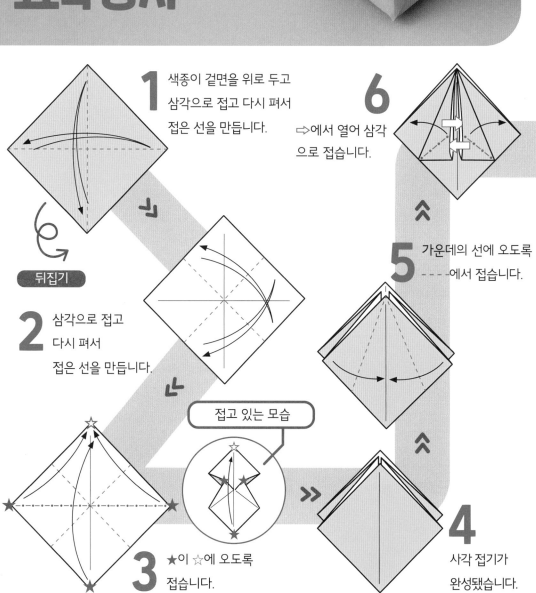

1 색종이 겉면을 위로 두고
삼각으로 접고 다시 펴서
접은 선을 만듭니다.

뒤집기

2 삼각으로 접고
다시 펴서
접은 선을 만듭니다.

3 ★이 ☆에 오도록
접습니다.

접고 있는 모습

4 사각 접기가
완성됐습니다.

5 가운데의 선에 오도록
- - - -에서 접습니다.

6 ⇨에서 열어 삼각
으로 접습니다.

104

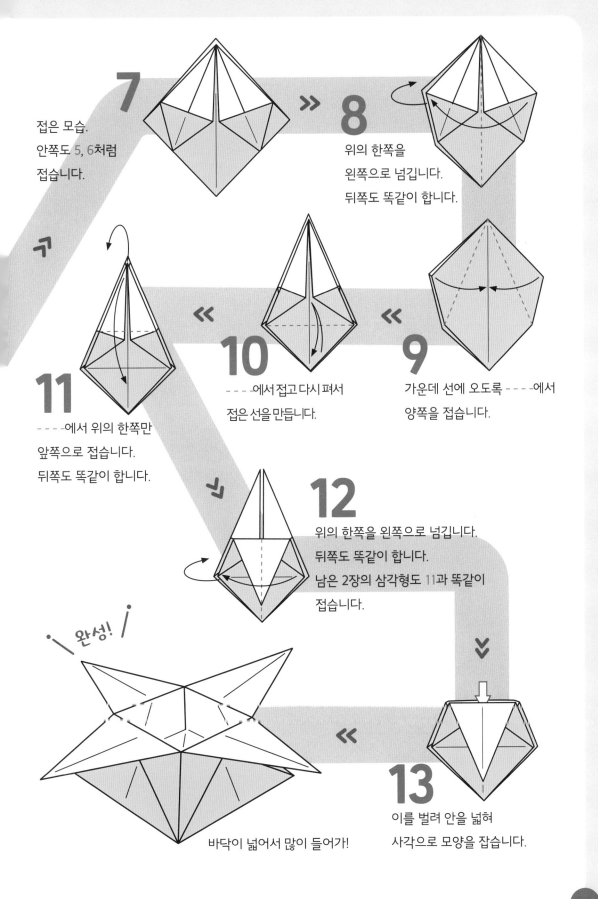

7 접은 모습.
안쪽도 5, 6처럼
접습니다.

8 위의 한쪽을
왼쪽으로 넘깁니다.
뒤쪽도 똑같이 합니다.

9 가운데 선에 오도록 - - - -에서
양쪽을 접습니다.

10 - - -에서 접고 다시 펴서
접은 선을 만듭니다.

11 - - - -에서 위의 한쪽만
앞쪽으로 접습니다.
뒤쪽도 똑같이 합니다.

12 위의 한쪽을 왼쪽으로 넘깁니다.
뒤쪽도 똑같이 합니다.
남은 2장의 삼각형도 11과 똑같이
접습니다.

13 이를 벌려 안을 넓혀
사각으로 모양을 잡습니다.

¡완성!

바닥이 넓어서 많이 들어가!

조그만 물건을 담아보자!

어려움

작은 상자

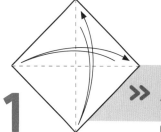

1 삼각으로 접고 다시 펴서 접은 선을 만듭니다.

2 모서리를 전부 가운데로 맞춰 접습니다.

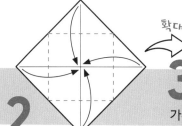

확대

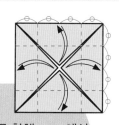

3 가운데로 향해 - - - -에서 접은 선을 만듭니다.

4 위아래 모서리를 엽니다.

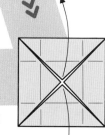

5 ☆과 ☆이 만나도록 접은 선을 보면서 6처럼 모서리를 세워 바구니를 만듭니다.

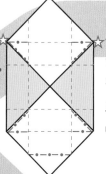

6 ★이 가운데에 오도록 골짜기 모양 접기와 산 접기를 합니다.

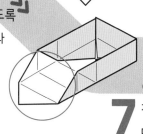

7 ○도 5, 6과 똑같이 접어서 상자로 만듭니다.

완성!

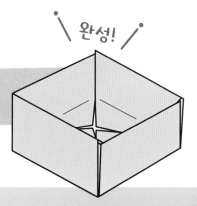

컵받침

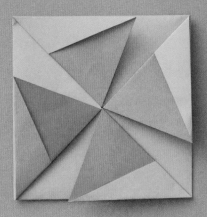

살짝 어렵지만
모양이 예뻐!

1 삼각으로 반 접고 다시 펴서
접은 선을 만듭니다.

2 가운데 선에 맞춰 오른쪽 모서리
를 골짜기 모양 접기 합니다.

아래 모서리를
가운데 선에 맞춰
골짜기 모양 접기 합니다.
(★과 ☆을 마주친다.)

3

4 왼쪽 모서리를
가운데 선에 맞춰 접습니다.

5 ★과 ☆이 만나도록
접고 다시 펴서
접은 선을 만듭니다. (★과 ☆을 마주친다)

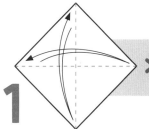

6 5에서 만든 접은 선의 ―•―를
산 접기 하고 나를 펼쳐 가를 안에 넣습니다.

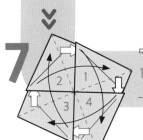

7 ⇨에서 열어서
1~4 순서로
- - - 에서 접어 넘깁니다.

완성!

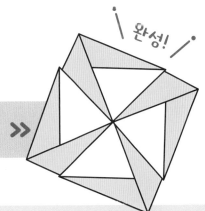

간단

컵홀더

2 개를 겹쳐서
쓸 수 있어!

원안: 아베 히사시

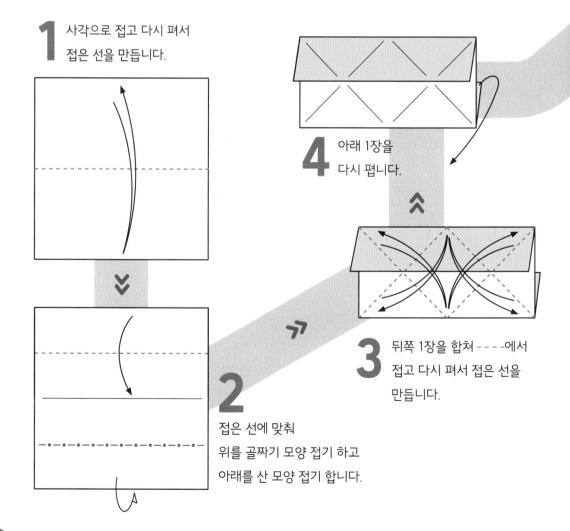

1 사각으로 접고 다시 펴서
접은 선을 만듭니다.

4 아래 1장을
다시 폅니다.

2 접은 선에 맞춰
위를 골짜기 모양 접기 하고
아래를 산 모양 접기 합니다.

3 뒤쪽 1장을 합쳐 - - - -에서
접고 다시 펴서 접은 선을
만듭니다.

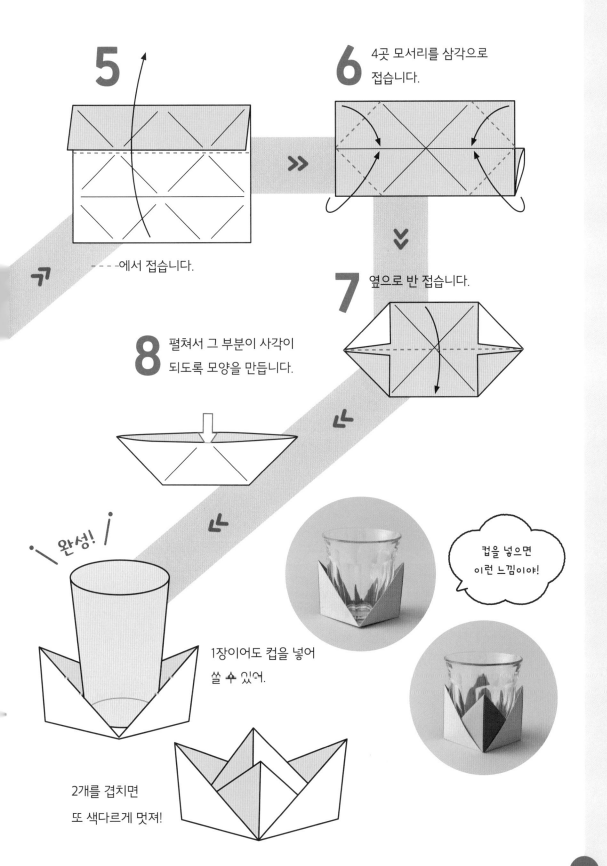

5

----에서 접습니다.

6 4곳 모서리를 삼각으로
접습니다.

7 옆으로 반 접습니다.

8 펼쳐서 그 부분이 사각이
되도록 모양을 만듭니다.

완성!

1장이어도 컵을 넣어
쓸 수 있어.

컵을 넣으면
이런 느낌이야!

2개를 겹치면
또 색다르게 멋져!

쓰레받기

간단

작은 솔을 사용해 쓰레받기로 써봐!

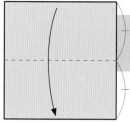

1 사각으로 반 접습니다.

2 반 접고 다시 펴서 접은 선에 맞춰 양쪽을 접고 다시 펴서 접은 선을 만듭니다.

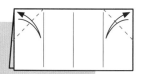

3 위의 모서리를 2에서 만든 접은 선에 맞춰 접고 다시 펼칩니다.

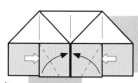

6 사이를 열어 위의 한쪽을 - - - -에서 비스듬하게 골짜기 모양 접기 합니다.

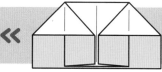

5 접은 모습.

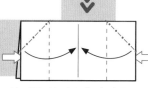

4 사이를 열어 3에서 만든 접은 선에서 삼각으로 접습니다.

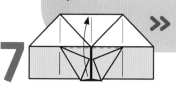

7 6에서 접은 부분을 - - - -에서 접습니다.

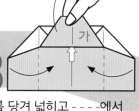

8 가를 당겨 넓히고 - - - -에서 골짜기 모양 접기 하여 사각으로 만듭니다.

가

완성!

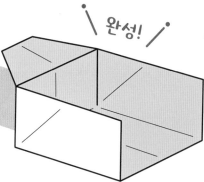

움직여 놀 수 있는 종이접기

종이비행기나 당기면 날아가는 새, 풍선 등
날리거나 움직이면서 놀 수 있는 종이접기가 많이 있어!
혼자서 놀 수 있는 종이접기도 있지만
엄마, 아빠, 형제, 친구들과 함께 접고 놀면 훨씬 재밌어!
살짝 어려운 것은 어른들의 도움을 받아!

간단

매우 간단하게 접을 수 있어!

간단 비행기

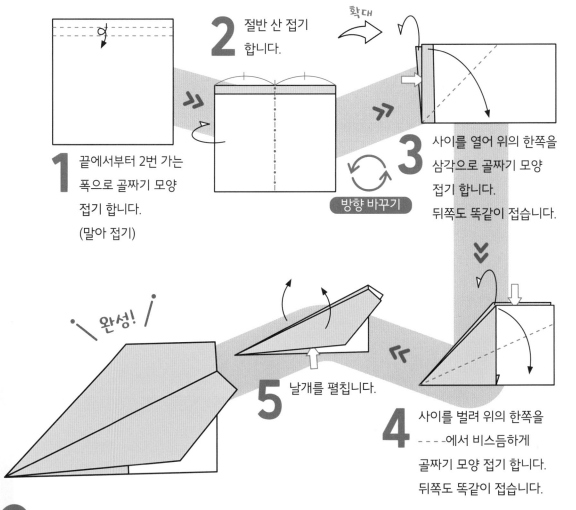

1 끝에서부터 2번 가는 폭으로 골짜기 모양 접기 합니다.
(말아 접기)

2 절반 산 접기 합니다.

확대

방향 바꾸기

3 사이를 열어 위의 한쪽을 삼각으로 골짜기 모양 접기 합니다.
뒤쪽도 똑같이 접습니다.

4 사이를 벌려 위의 한쪽을 ----에서 비스듬하게 골짜기 모양 접기 합니다.
뒤쪽도 똑같이 접습니다.

5 날개를 펼칩니다.

완성!

간단 빙글빙글 나비

빙글빙글 돌아 재밌어!

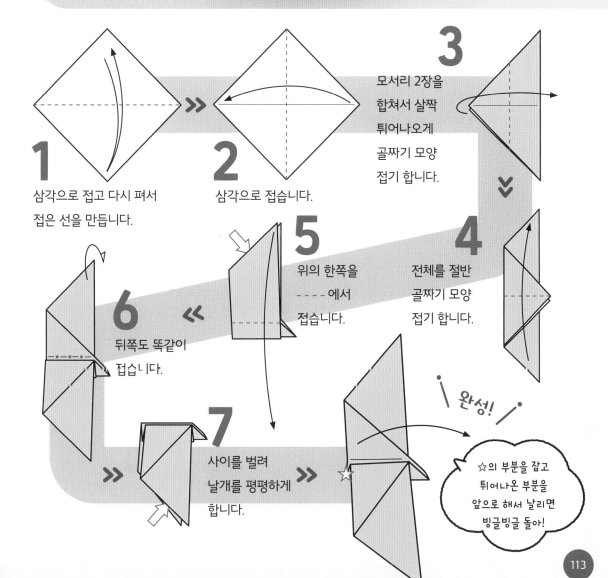

1
삼각으로 접고 다시 펴서 접은 선을 만듭니다.

2
삼각으로 접습니다.

3
모서리 2장을 합쳐서 살짝 튀어나오게 골짜기 모양 접기 합니다.

4
전체를 절반 골짜기 모양 접기 합니다.

5
위의 한쪽을 ---- 에서 접습니다.

6
뒤쪽도 똑같이 접습니다.

7
사이를 벌려 날개를 평평하게 합니다.

완성!

☆의 부분을 잡고 튀어나온 부분을 앞으로 해서 날리면 빙글빙글 돌아!

113

'하늘을 나는 상어'를 뜻하는
멋있는 이름!

간단

플라잉
샤크

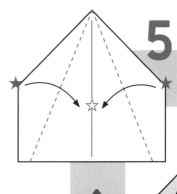

원안: 유아사 노부에

1 위로 두고 사각으로 반 접고
다시 펴서 접은 선을 만듭니다.

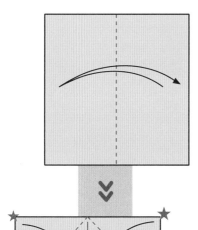

5 ★이 ☆에 오도록
접은 선을 따라
계곡 모양으로
접습니다.

확대

뒤집기

4 접은 모습.

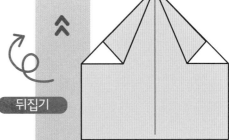

3 사이를 벌려 바깥쪽으로
골짜기 모양 접기 합니다.

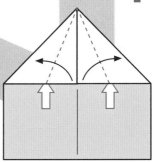

2 ★이 ☆에 오도록 접은 선을
따라 모서리를 삼각으로
접습니다.

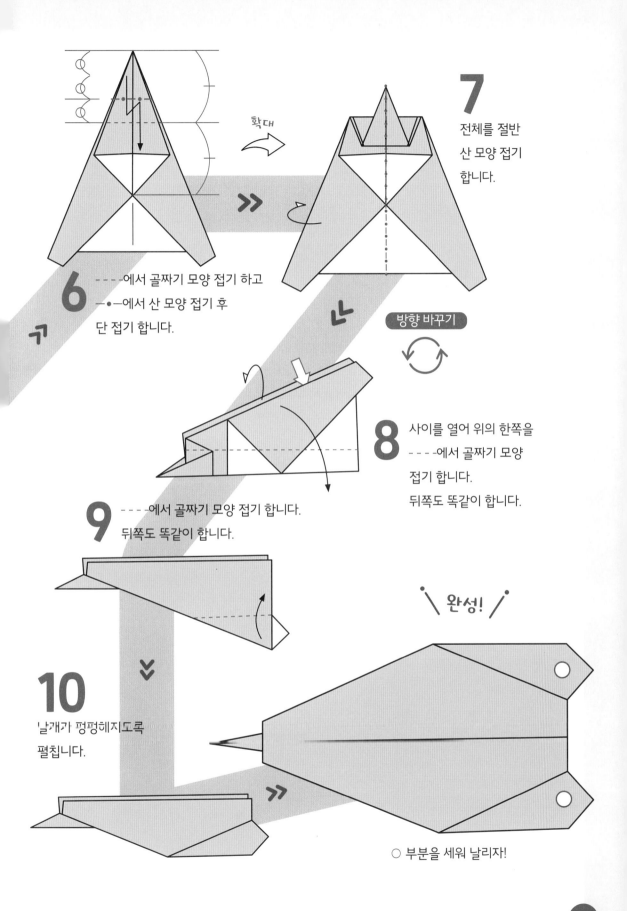

7 전체를 절반
산 모양 접기
합니다.

확대

6 - - - -에서 골짜기 모양 접기 하고
-•—에서 산 모양 접기 후
단 접기 합니다.

방향 바꾸기

8 사이를 열어 위의 한쪽을
- - - -에서 골짜기 모양
접기 합니다.
뒤쪽도 똑같이 합니다.

9 - - - -에서 골짜기 모양 접기 합니다.
뒤쪽도 똑같이 합니다.

10 날개가 펑펑헤지도록
펼칩니다.

\ 완성! /

○ 부분을 세워 날리자!

보통

파닥파닥 새

꼬리를 움직이면
하늘을 날아!

1 겉면을 위로 두고 삼각으로
접고 다시 펴서 접은 선을
만듭니다.

뒤집기

2 사각으로 접고 다시 펴서
접은 선을 만듭니다.

3 ★이 ☆에 오도록 접습니다.

확대

접고 있는 모습

4 사각 접기가
완성됐습니다.

뒤집기

5 위의 한쪽만 양쪽을 접고
위쪽도 접고 다시 펴서
접은 선을 만듭니다.

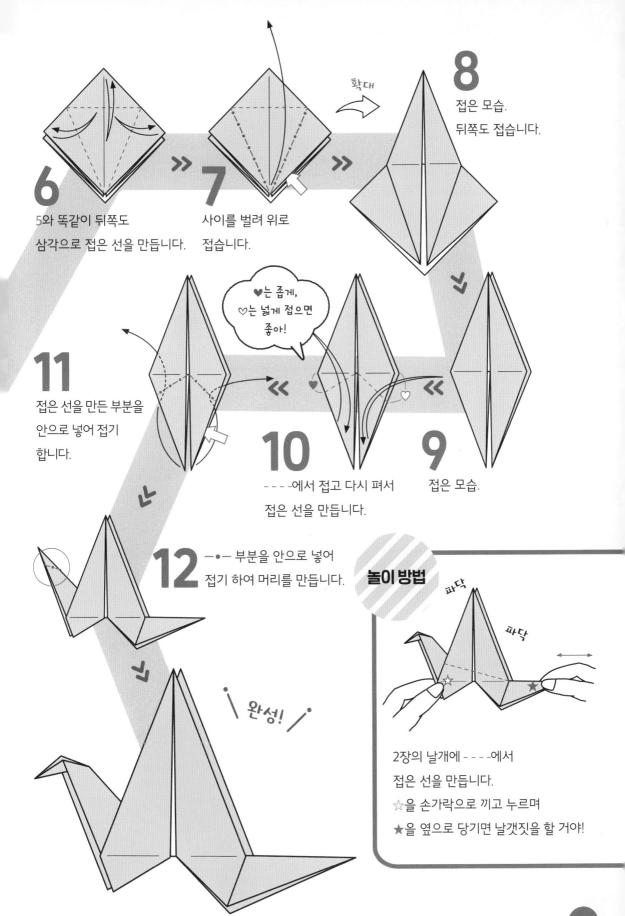

6
5와 똑같이 뒤쪽도
삼각으로 접은 선을 만듭니다.

7
사이를 벌려 위로
접습니다.

확대

8
접은 모습.
뒤쪽도 접습니다.

♥는 좁게,
♡는 넓게 접으면
좋아!

11
접은 선을 만든 부분을
안으로 넣어 접기
합니다.

10
- - - -에서 접고 다시 펴서
접은 선을 만듭니다.

9
접은 모습.

12 -•- 부분을 안으로 넣어
접기 하여 머리를 만듭니다.

완성!

놀이 방법

파닥

파닥

2장의 날개에 - - - -에서
접은 선을 만듭니다.
☆을 손가락으로 끼고 누르며
★을 옆으로 당기면 날갯짓을 할 거야!

보통

동서 남북

신기한 모양의 종이접기!
뻐끔뻐끔 닫았다가 열었다가!

1 사각으로 접고 다시 펴서
접은 선을 만듭니다.

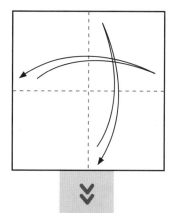

2 모서리를 4곳 전부 가운데에
맞춰 접습니다.

4 모서리가 가운데에
오도록 접습니다.

방향 바꾸기

확대

3 접은 모습.

뒤집기

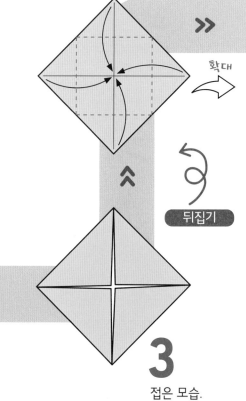

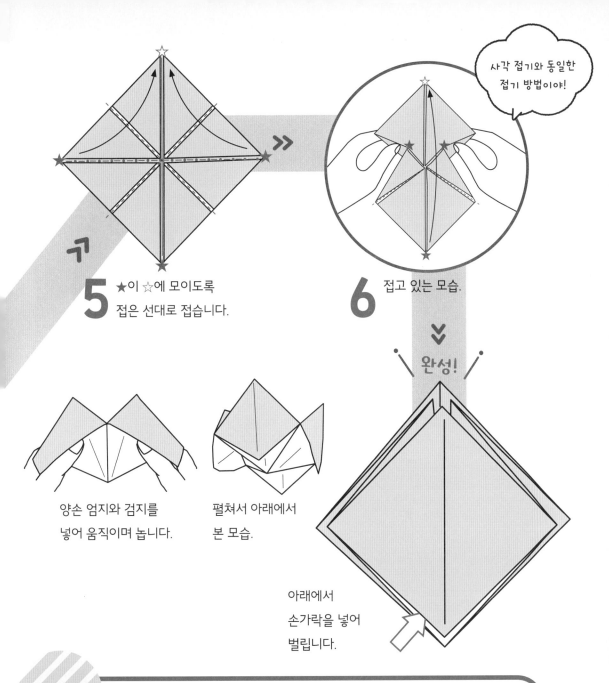

사각 접기와 동일한
접기 방법이야!

5 ★이 ☆에 모이도록
접은 선대로 접습니다.

6 접고 있는 모습.

완성!

양손 엄지와 검지를
넣어 움직이며 놉니다.

펼쳐서 아래에서
본 모습.

아래에서
손가락을 넣어
벌립니다.

놀이 방법

손가락을 닫은 모습

위로 벌린 모습

옆으로 벌린 모습

입처럼 파닥파닥 닫거나 열면서
움직임에 맞춰 얘기해보자!

보통

수리검

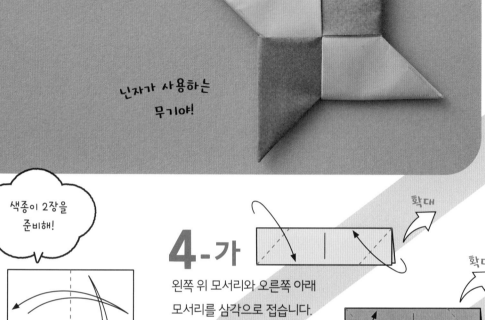

닌자가 사용하는 무기야!

색종이 2장을 준비해!

4-가

왼쪽 위 모서리와 오른쪽 아래 모서리를 삼각으로 접습니다.

확대

확대

4-나

왼쪽 아래의 모서리와 오른쪽 위 모서리를 삼각으로 접습니다.

4~6의 접는 방법이 가와 나 각각 다르니 주의!

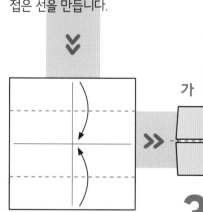

1 사각으로 반 접고 다시 펴서 접은 선을 만듭니다.

2 옆의 접은 선에 맞춰 위아래를 골짜기 모양 접기 합니다.

가　　　　나

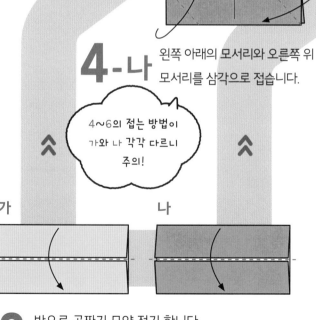

3 반으로 골짜기 모양 접기 합니다. 다른 1장의 색종이도 1~3을 따라 접어 가, 나 2개를 만듭니다.

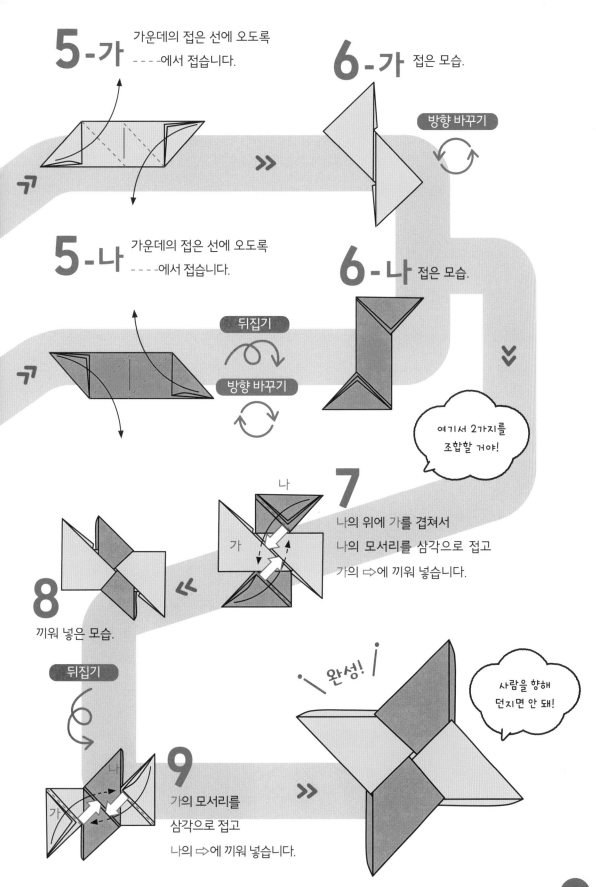

5-가 가운데의 접은 선에 오도록 ----에서 접습니다.

6-가 접은 모습.

방향 바꾸기

5-나 가운데의 접은 선에 오도록 ----에서 접습니다.

뒤집기

방향 바꾸기

6-나 접은 모습.

여기서 2가지를 조합할 거야!

나

가

7 나의 위에 가를 겹쳐서 나의 모서리를 삼각으로 접고 가의 ⇨에 끼워 넣습니다.

8 끼워 넣은 모습.

뒤집기

완성!

사람을 향해 던지면 안 돼!

나

가

9 가의 모서리를 삼각으로 접고 나의 ⇨에 끼워 넣습니다.

121

폴짝폴짝 개구리

엉덩이를 누르면 피용 점프해!

1

사각으로 반 접고 다시 펴서 접은 선을 만듭니다.

2

세로로는 절반 접습니다.

뒤집기

3

가운데의 접은 선에 맞춰 ----에서 접고 다시 펴서 접은 선을 만듭니다.

4

위의 모서리를 삼각으로 반 접고 다시 펴서 접은 선을 만듭니다.

5

★이 ☆에 모이도록 접습니다.

삼각 접기 했어!

6

접고 있는 모습.

확대

7 아래 4개의 모서리를
- - - -에서 반 접습니다.

8 가의 삼각을 한 장 넘겨
아랫부분을
- - - -에서 접습니다.

9 접은 모습.

11, 12는 두꺼워서
접기 어려우면
어른의 도움을 받자!

10 삼각의 양 끝을 가운데에서
살짝 비켜 비스듬하게 접어
올립니다.

확대

11 ★이 ☆에 오도록 합쳐서
골짜기 모양 접기 합니다.

12 사이를 벌려 11에서 접은
부분이 아래에서 살짝 튀어
나오게 접습니다.

13 접은 모습.

뒤집기

완성!

★을 손가락으로
눌렀다가 떼면
'피용' 하고 날아!
눈도 그려주자.

어려움

손 바람개비

손가락 사이에 끼고 바람을 세게 불면
빙글빙글 돌아!

색종이를 2장
준비해!

1 사각으로 반 접고 다시 펴서
접은 선을 만듭니다.

2 위아래 모서리를
가운데를 향해
삼각으로 접습니다.

3 접은 모습.

뒤집기

4 반 접고 다시 펴서
접은 선을 만듭니다.

5 반 접고 다시 펴서
접은 선을 만듭니다.

뒤집기

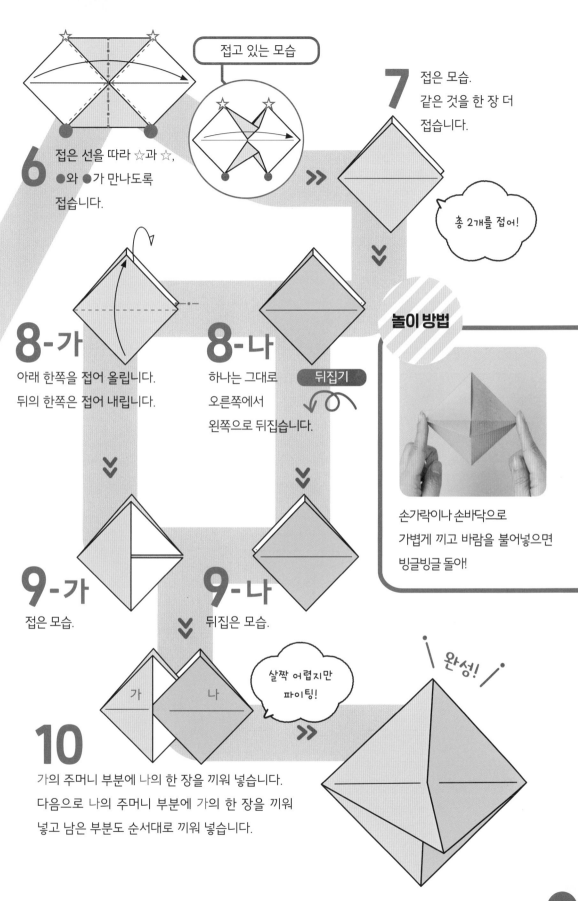

접고 있는 모습

6 접은 선을 따라 ☆과 ☆, ●와 ●가 만나도록 접습니다.

7 접은 모습. 같은 것을 한 장 더 접습니다.

총 2개를 접어!

8-가 아래 한쪽을 접어 올립니다. 뒤의 한쪽은 접어 내립니다.

8-나 하나는 그대로 오른쪽에서 왼쪽으로 뒤집습니다.

뒤집기

놀이 방법

손가락이나 손바닥으로 가볍게 끼고 바람을 불어넣으면 빙글빙글 돌아!

9-가 접은 모습.

9-나 뒤집은 모습.

살짝 어렵지만 파이팅!

완성!

10 가의 주머니 부분에 나의 한 장을 끼워 넣습니다. 다음으로 나의 주머니 부분에 가의 한 장을 끼워 넣고 남은 부분도 순서대로 끼워 넣습니다.

가   나

보통

풍선

예쁘게 부풀어!

1 색종이 겉면을 위로 두고
사각으로 접고 다시 펴서
접은 선을 만듭니다.

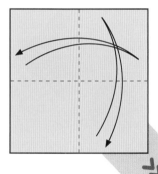

뒤집기

2

삼각으로 접고 다시 펴서
접은 선을 만듭니다.

삼각 접기가
4 완성됐습니다.

확대

접고 있는 모습

3

★이 ☆에
오도록
접습니다.

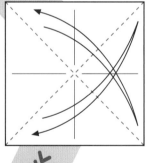

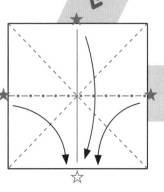

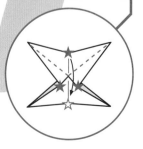

☆

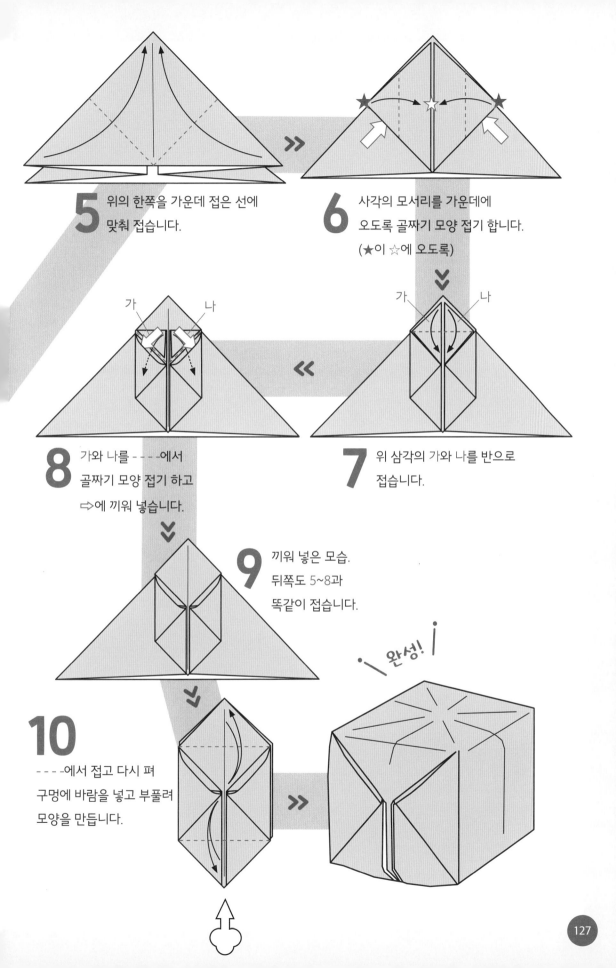

5 위의 한쪽을 가운데 접은 선에
맞춰 접습니다.

6 사각의 모서리를 가운데에
오도록 골짜기 모양 접기 합니다.
(★이 ☆에 오도록)

가   나

가   나

8 가와 나를 ----에서
골짜기 모양 접기 하고
⇨에 끼워 넣습니다.

7 위 삼각의 가와 나를 반으로
접습니다.

9 끼워 넣은 모습.
뒤쪽도 5~8과
똑같이 접습니다.

완성!

10

----에서 접고 다시 펴
구멍에 바람을 넣고 부풀려
모양을 만듭니다.

씨름선수

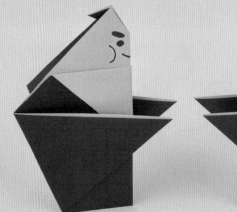

2개를 접어
씨름을 하자!

1 삼각으로 반 접습니다.

2 사이를 펼쳐 위의 한 장만
삼각으로 접습니다.

3 반으로 산 접기
합니다.

4 사이를 열어 위의 한쪽을
----에서 골짜기 모양 접기
합니다.
뒤쪽도 똑같이 접습니다.

5 ○의 안을 열어 ─•─에서
안으로 넣어 접기 합니다.

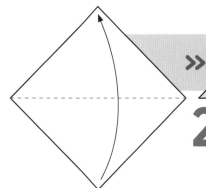

완성!

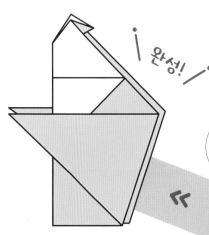

2개 있으면 상자 위에서
씨름을 할 수 있어!

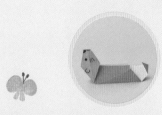

살짝 어려운
종이접기

지금부터 소개하는 종이접기는 접는 방법이
복잡해서 어른이라도 살짝 어려울 수 있어.
그러니 다 함께 생각하면서 접어보자!
여러 번 해봐도 좋으니 다시 도전하자!
너는 이제 종이접기 마스터!

어려움

해달

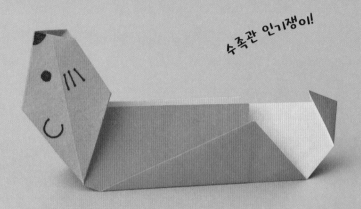

수족관 인기쟁이!

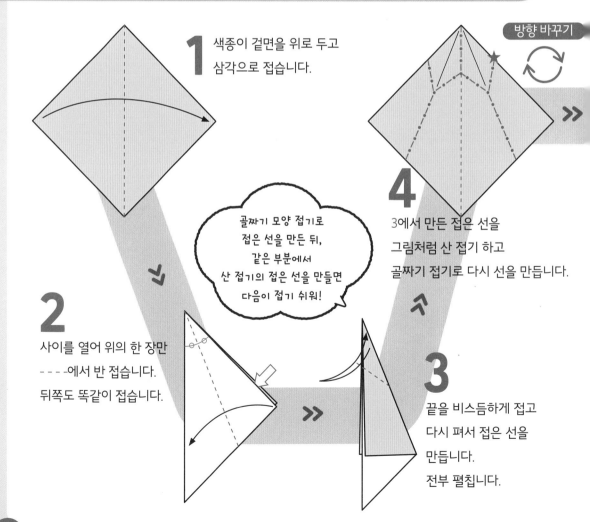

방향 바꾸기

1 색종이 겉면을 위로 두고
삼각으로 접습니다.

2 사이를 열어 위의 한 장만
- - - - 에서 반 접습니다.
뒤쪽도 똑같이 접습니다.

골짜기 모양 접기로
접은 선을 만든 뒤,
같은 부분에서
산 접기의 접은 선을 만들면
다음이 접기 쉬워!

3 끝을 비스듬하게 접고
다시 펴서 접은 선을
만듭니다.
전부 펼칩니다.

4 3에서 만든 접은 선을
그림처럼 산 접기 하고
골짜기 접기로 다시 선을 만듭니다.

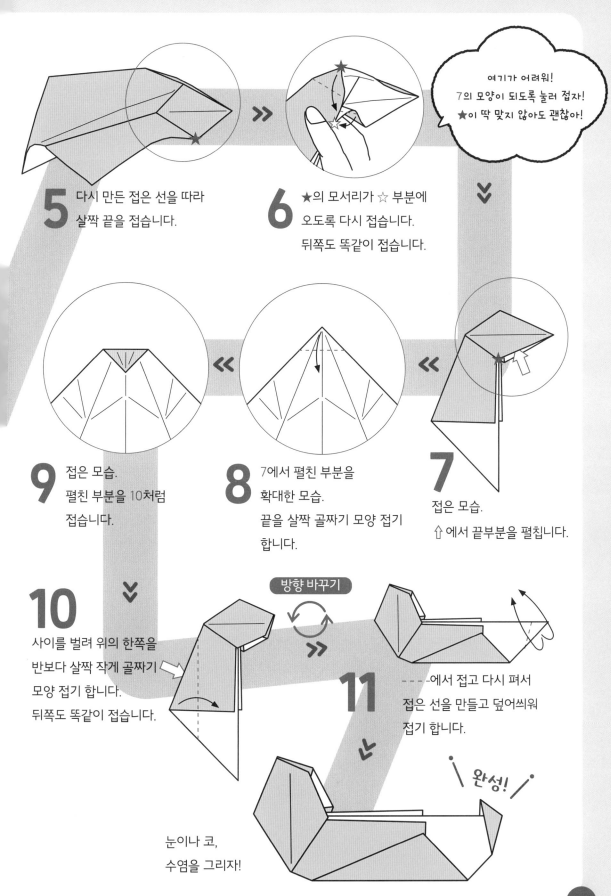

5 다시 만든 접은 선을 따라 살짝 끝을 접습니다.

6 ★의 모서리가 ☆ 부분에 오도록 다시 접습니다. 뒤쪽도 똑같이 접습니다.

여기가 어려워!
7의 모양이 되도록 눌러 접자!
★이 딱 맞지 않아도 괜찮아!

9 접은 모습. 펼친 부분을 10처럼 접습니다.

8 7에서 펼친 부분을 확대한 모습. 끝을 살짝 골짜기 모양 접기 합니다.

7 접은 모습. ⇧에서 끝부분을 펼칩니다.

10 사이를 벌려 위의 한쪽을 반보다 살짝 작게 골짜기 모양 접기 합니다. 뒤쪽도 똑같이 접습니다.

방향 바꾸기

11 ----에서 접고 다시 펴서 접은 선을 만들고 덮어씌워 접기 합니다.

완성!

눈이나 코, 수염을 그리자!

131

어려움

보트

안에 인형이나
사탕을 넣어도 좋아!

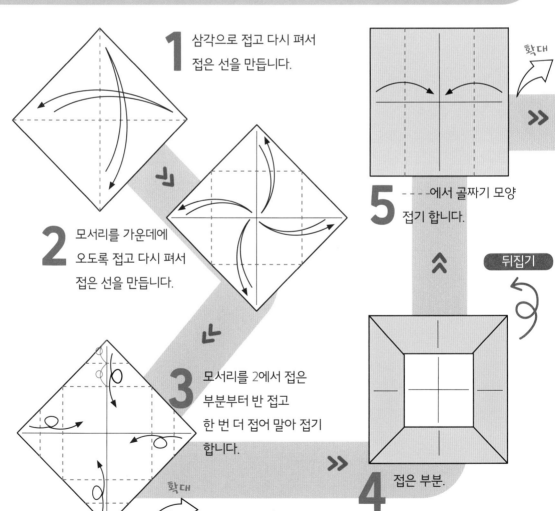

1 삼각으로 접고 다시 펴서
접은 선을 만듭니다.

2 모서리를 가운데에
오도록 접고 다시 펴서
접은 선을 만듭니다.

3 모서리를 2에서 접은
부분부터 반 접고
한 번 더 접어 말아 접기
합니다.

확대

4 접은 부분.

뒤집기

5 -에서 골짜기 모양
접기 합니다.

확대

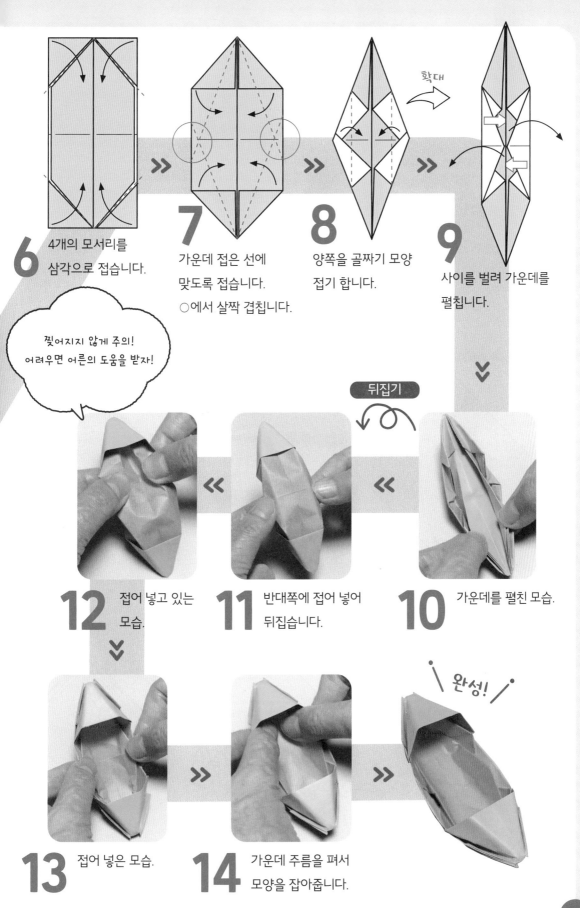

6 4개의 모서리를 삼각으로 접습니다.

7 가운데 접은 선에 맞도록 접습니다. ○에서 살짝 겹칩니다.

8 양쪽을 골짜기 모양 접기 합니다.

확대

9 사이를 벌려 가운데를 펼칩니다.

찢어지지 않게 주의! 어려우면 어른의 도움을 받자!

뒤집기

12 접어 넣고 있는 모습.

11 반대쪽에 접어 넣어 뒤집습니다.

10 가운데를 펼친 모습.

13 접어 넣은 모습.

14 가운데 주름을 펴서 모양을 잡아줍니다.

완성!

어려움

붓꽃

보라색의 예쁜 꽃!

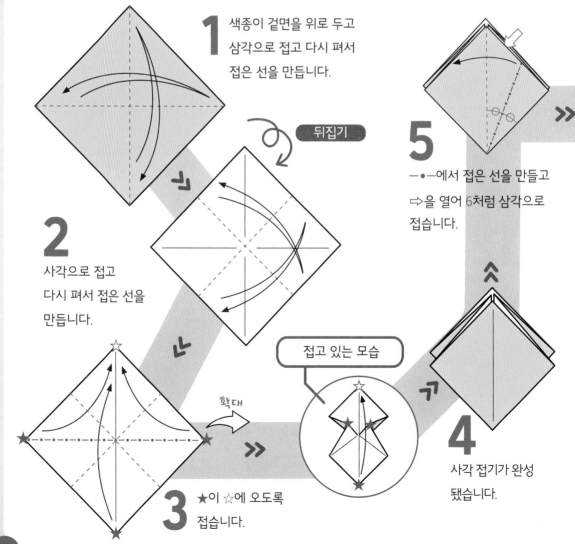

1 색종이 겉면을 위로 두고 삼각으로 접고 다시 펴서 접은 선을 만듭니다.

뒤집기

5 ―•―에서 접은 선을 만들고 ⇨을 열어 6처럼 삼각으로 접습니다.

2 사각으로 접고 다시 펴서 접은 선을 만듭니다.

확대

접고 있는 모습

4 사각 접기가 완성 됐습니다.

3 ★이 ☆에 오도록 접습니다.

확대 →

6
접은 모습.
남은 3쪽도 똑같이 접습니다.

7
- - - -에서 접고 다시 펴서
접은 선을 만듭니다.

8 ⇩을 열어 접은 선을
사용해 그림처럼
접습니다.

9
- - - -에서 접어 올립니다.
남은 곳도 7~9와 같이
접습니다.

확대 ←

10
모두 다 접은 모습.
위의 한쪽을 왼쪽으로 넘깁니다.
뒤의 한쪽은 오른쪽으로 넘깁니다.

11
가운데에서
만나도록
- - - -에서
접습니다.

12
접은 모습.
남은 세 곳도 11과 똑같이
접습니다.

13
안을 열어
사각 모양을 잡고
- - - -에서
4장을 가볍게 접습니다.

14
꽃잎을 동그란 연필 등으로
바깥쪽에서 말아줍니다.

완성!

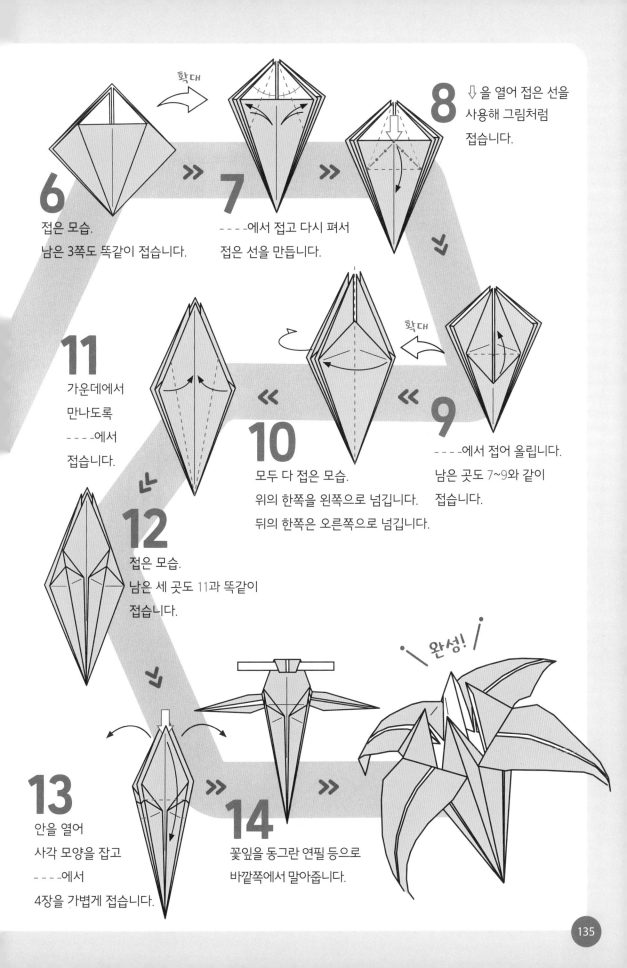

양배추

어려움

모양을 잘 부풀리면
예쁘게 만들어져!

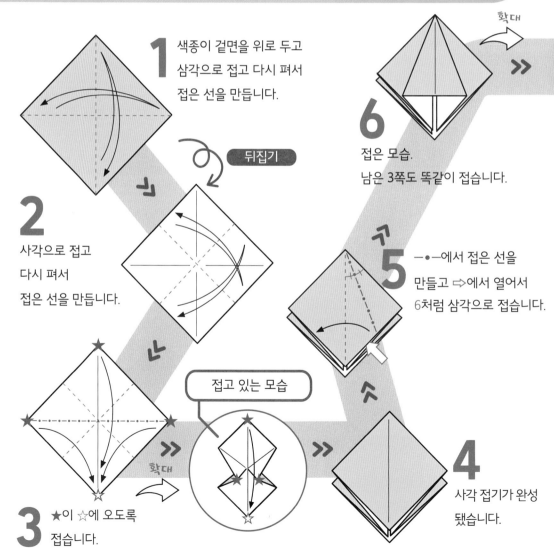

1 색종이 겉면을 위로 두고
삼각으로 접고 다시 펴서
접은 선을 만듭니다.

뒤집기

2 사각으로 접고
다시 펴서
접은 선을 만듭니다.

3 ★이 ☆에 오도록
접습니다.

확대

접고 있는 모습

4 사각 접기가 완성
됐습니다.

5 —•—에서 접은 선을
만들고 ⇨에서 열어서
6처럼 삼각으로 접습니다.

6 접은 모습.
남은 3쪽도 똑같이 접습니다.

확대

136

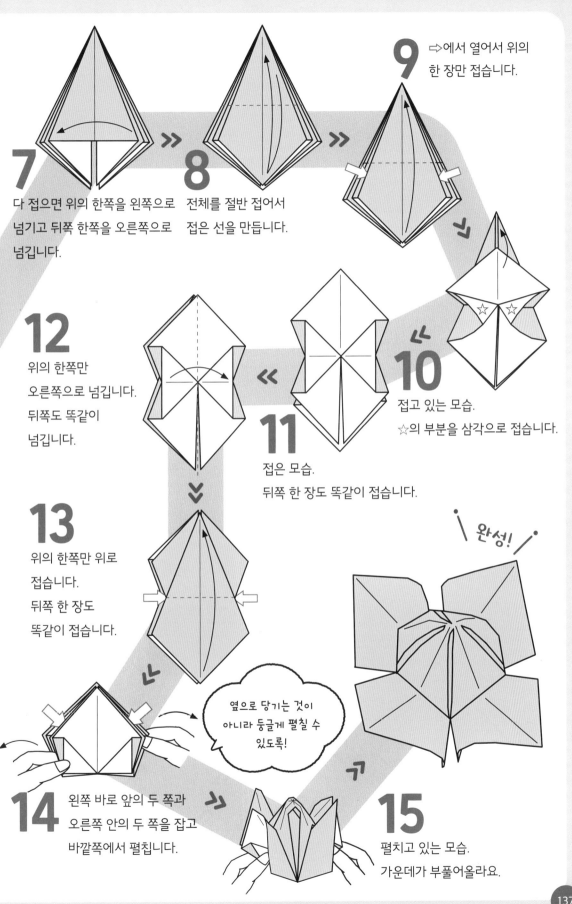

7 다 접으면 위의 한쪽을 왼쪽으로 넘기고 뒤쪽 한쪽을 오른쪽으로 넘깁니다.

8 전체를 절반 접어서 접은 선을 만듭니다.

9 ➡에서 열어서 위의 한 장만 접습니다.

10 접고 있는 모습. ☆의 부분을 삼각으로 접습니다.

11 접은 모습. 뒤쪽 한 장도 똑같이 접습니다.

12 위의 한쪽만 오른쪽으로 넘깁니다. 뒤쪽도 똑같이 넘깁니다.

13 위의 한쪽만 위로 접습니다. 뒤쪽 한 장도 똑같이 접습니다.

옆으로 당기는 것이 아니라 둥글게 펼칠 수 있도록!

14 왼쪽 바로 앞의 두 쪽과 오른쪽 안의 두 쪽을 잡고 바깥쪽에서 펼칩니다.

15 펼치고 있는 모습. 가운데가 부풀어올라요.

완성!

어려움

백조

작지만 두께가 있어서
젓가락 받침대로 쓸 수 있어!

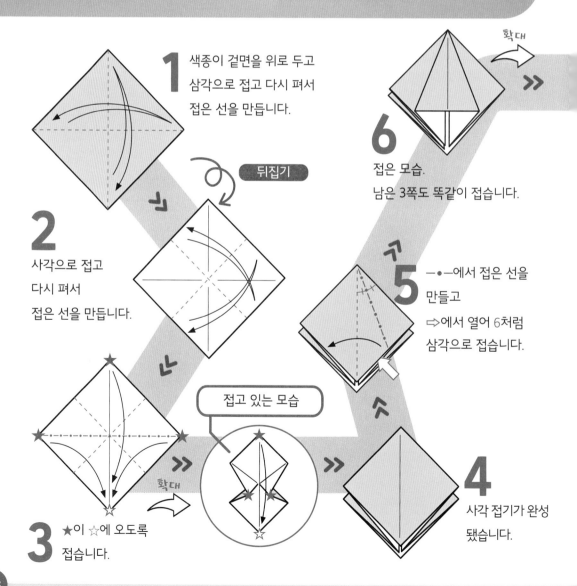

1 색종이 겉면을 위로 두고 삼각으로 접고 다시 펴서 접은 선을 만듭니다.

뒤집기

2 사각으로 접고 다시 펴서 접은 선을 만듭니다.

3 ★이 ☆에 오도록 접습니다.

접고 있는 모습

확대

4 사각 접기가 완성 됐습니다.

5 —•—에서 접은 선을 만들고 ⇨에서 열어 6처럼 삼각으로 접습니다.

6 접은 모습. 남은 3쪽도 똑같이 접습니다.

확대

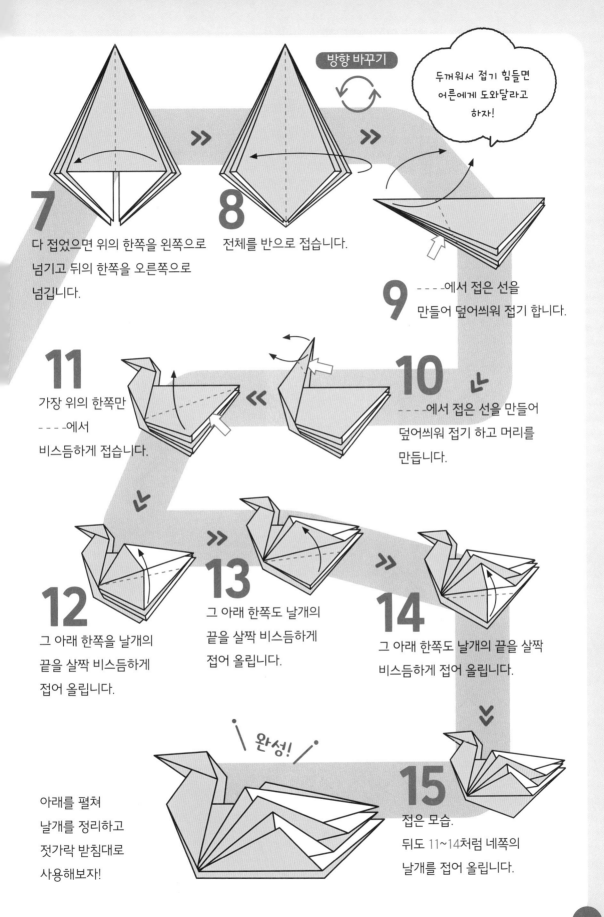

두꺼워서 접기 힘들면 어른에게 도와달라고 하자!

7 다 접었으면 위의 한쪽을 왼쪽으로 넘기고 뒤의 한쪽을 오른쪽으로 넘깁니다.

8 전체를 반으로 접습니다.

9 ----에서 접은 선을 만들어 덮어씌워 접기 합니다.

10 ----에서 접은 선을 만들어 덮어씌워 접기 하고 머리를 만듭니다.

11 가장 위의 한쪽만 ----에서 비스듬하게 접습니다.

12 그 아래 한쪽을 날개의 끝을 살짝 비스듬하게 접어 올립니다.

13 그 아래 한쪽도 날개의 끝을 살짝 비스듬하게 접어 올립니다.

14 그 아래 한쪽도 날개의 끝을 살짝 비스듬하게 접어 올립니다.

15 접은 모습. 뒤도 11~14처럼 네쪽의 날개를 접어 올립니다.

완성!

아래를 펼쳐 날개를 정리하고 젓가락 받침대로 사용해보자!

살짝 어려운 개구리

팔딱팔딱 진짜 같은 개구리야!

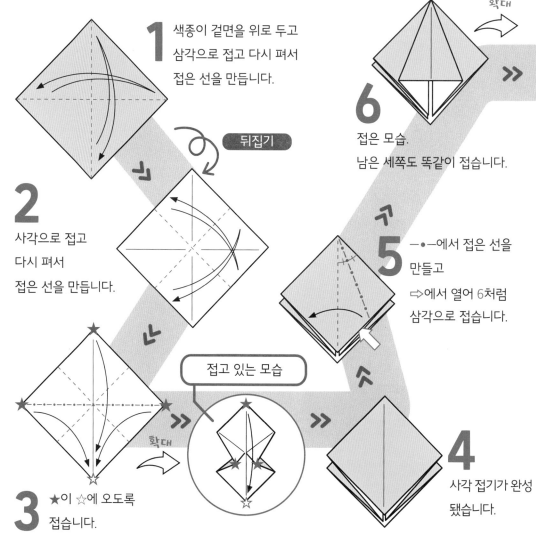

1 색종이 겉면을 위로 두고 삼각으로 접고 다시 펴서 접은 선을 만듭니다.

뒤집기

2 사각으로 접고 다시 펴서 접은 선을 만듭니다.

접고 있는 모습

3 ★이 ☆에 오도록 접습니다.

확대

4 사각 접기가 완성 됐습니다.

5 —•—에서 접은 선을 만들고 ⇨에서 열어 6처럼 삼각으로 접습니다.

6 접은 모습. 남은 세쪽도 똑같이 접습니다.

확대

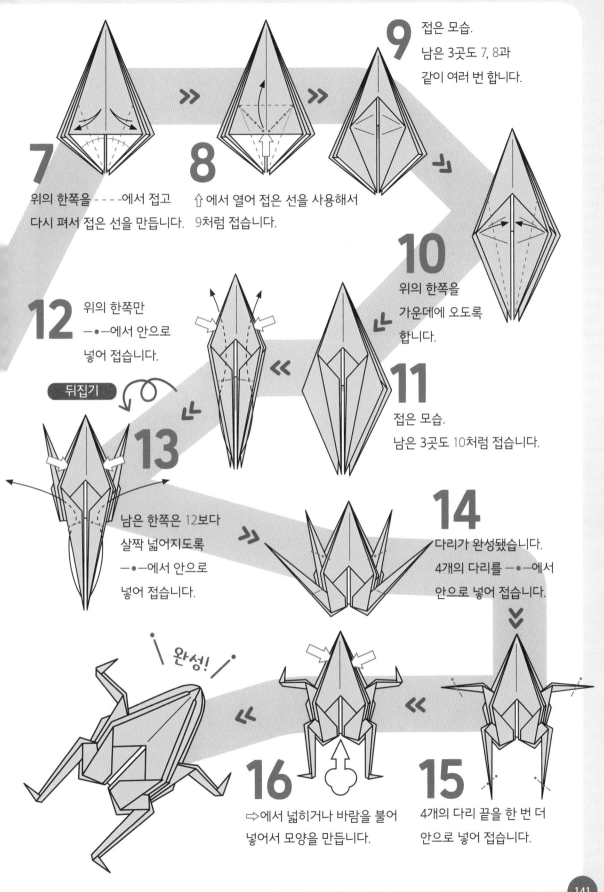

7 위의 한쪽을 - - - -에서 접고 다시 펴서 접은 선을 만듭니다.

8 ⇧ 에서 열어 접은 선을 사용해서 9처럼 접습니다.

9 접은 모습. 남은 3곳도 7, 8과 같이 여러 번 합니다.

10 위의 한쪽을 가운데에 오도록 합니다.

11 접은 모습. 남은 3곳도 10처럼 접습니다.

12 위의 한쪽만 —•—에서 안으로 넣어 접습니다.

뒤집기

13 남은 한쪽은 12보다 살짝 넓어지도록 —•—에서 안으로 넣어 접습니다.

14 다리가 완성됐습니다. 4개의 다리를 —•—에서 안으로 넣어 접습니다.

15 4개의 다리 끝을 한 번 더 안으로 넣어 접습니다.

16 ⇨에서 넓히거나 바람을 불어 넣어서 모양을 만듭니다.

완성!

매우 귀여운 상자!

어려움

병아리
상자

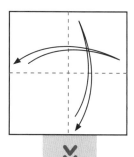

1 사각으로 접고 다시 펴서
접은 선을 만듭니다.

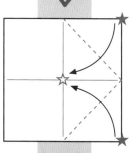

2 ★이 가운데의 ☆에 오도록
삼각으로 접습니다.

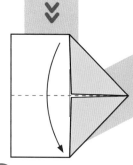

3 반으로 접습니다.

4 ----에서 합쳐 접었다가
다시 펴서 접은 선을 만듭니다.
반으로 접은 부분을 펼칩니다.

5 펼친 모습.

뒤집기

6 ★이 가운데의 ☆에
오도록 골짜기 모양
접기 합니다.

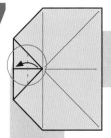

7 접은 삼각 부분을
다시 반으로 골짜기
모양 접기 합니다.

8

작은 삼각 부분의 모서리를
절반 접어 접은 선을 만듭니다.
☆을 잡듯이 해서 위로 뾰족하게
만들듯이 접습니다.

9

☆ 부분을 잡아서
접고 있는 모습.

10

접은 모습.

뒤집기

11

★이 ☆에 오도록 그림의
접은 선대로 접습니다.

확대

방향 바꾸기

12

접은 모습.

13

사이를 벌려 위의
한쪽만 ──가 ○를
지나도록 접습니다.
(14가 되도록)

14

접은 삼각 부분을
또 접습니다.
뒤쪽도 13, 14와 똑같이
접습니다.

15

○의 안을 작게 삼각으로 접고
다시 펴서 접은 선을 만듭니다.

16

사이를 벌려
접은 선에서
안으로 넣어
접기 합니다.

17

위에서 본 모습.
☆ 부분을 눌러 구부러지게
합니다.

18

사이를 열고 ─•─에서 위의 한쪽을
산 접기 하여 안쪽으로 접어 넣습니다.
뒤쪽도 똑같이 접습니다.

눈을 그리면
귀여워!

⇩와 ○부분을 열어
모양을 잡습니다.

완성!

매일 똑똑해지는!
종이접기 놀이

초판 1쇄 발행 2025년 1월 13일

지은이 고바야시 가즈오
감수 오쿠야마 치카라
옮긴이 류지현
펴낸곳 ㈜에스제이더블유인터내셔널
펴낸이 양홍걸 이시원

홈페이지 siwonbooks.com
블로그 · 인스타 · 페이스북 siwonbooks
주소 서울시 영등포구 영신로 166 시원스쿨
구입 문의 02)2014-8151
고객센터 02)6409-0878

ISBN 979-11-6150-933-4 13630

NOGA GUNGUN SODATSU ORIGAMI
Copyright ⓒ KAZUO KOBAYASHI 2024
Supervised by CHIKARA OKUYAMA 2024
All rights reserved.
Originally published in Japan in 2024 by Poplar Publishing Co., Ltd.
Korean translations rights arranged with Poplar Publishing Co., Ltd.
through Shinwon Agency Co., Ltd.